Un puente a la realidad

Un puente a la realidad

La transformación
a través de *Un Curso de Milagros*

SERGI TORRES

Urano

Argentina – Chile – Colombia – España
Estados Unidos – México – Perú – Uruguay

ISBN: 979-13-87662-07-3
E-ISBN: 978-84-17180-18-8
Depósito legal: M-11.770-2025

Fotocomposición: Urano World Spain, S.A.U.

Impreso por: Rotativas de Estella – Polígono Industrial San Miguel
Parcelas E7-E8 – 31132 Villatuerta (Navarra)

Impreso en España – *Printed in Spain*

*A todo aquel que desee una nueva experiencia
de sí mismo basada solo en el amor.
A todo aquel que tome la decisión de mirar
desde lo más profundo de su corazón al miedo,
a la muerte y a la enfermedad.
A todo aquel que, habiendo recordado quién es,
ha convertido su vida en un medio
para la extensión de dicho recuerdo.
A ti, que al sostener este libro en tus manos,
te has convertido en un servidor más de esta nueva
conciencia llamada*

«El reino de los cielos».

ÍNDICE

PRÓLOGO DEL AUTOR A LA PRESENTE EDICIÓN

Todos tenemos cosas que contar en esta vida. Todos contenemos algo dentro de nuestro corazón que puede tocar el corazón de otros. Cuando se me mostró lo que había dentro del mío, supe que por sí mismo iba a encontrar, así como un río siempre encuentra su cauce, su propia manera de expresarse y llegar a su destino.

Hoy, después de varios años de no publicarse UN PUENTE A LA REALIDAD, Ediciones Urano vuelve a darle vida a este primer libro publicado en 2009 por Ediciones Océano. Aquellos que lo lean sin conocer *Un Curso de Milagros* ni mi amor por su enseñanza, puede que se sorprendan por su nomenclatura cristiana. Sin embargo, *Un Curso de Milagros* no es un libro religioso en ningún sentido. Es el manual de autoindagación humana más impecable que yo he tenido en mis manos y que a su vez representó puro oxígeno en un momento de gran asfixia personal.

A principios de noviembre de 1995 viví un suceso que, a modo de terremoto, sacudió todo lo que para mí era considerado estable y confiable dentro de la perspectiva racional de la vida. De la misma manera como se abre la puerta de una vieja mansión que ha estado cerrada y a oscuras por décadas, se abrió una parte de mi mente. Esto reconectó mi conciencia a una realidad sutil que se intercala con la realidad material, pero que no suele percibirse.

Con esta nueva manera de ver, he llegado a reconocer que el regalo más grande que se nos ha dado es la presencia. A medida que uno se acostumbra a sentirla y a descansar en ella, descubre que es un pedacito de universo dentro del universo.

Durante varios años de mi vida, sobre todo durante mi adolescencia, perdí de vista este regalo. Esto se tradujo en soledad, vacío y miedo y consecuentemente en vivir, pensar y sentir como si me faltara algo y alguien o algo tuviera que llenarme. Llegado a este punto en el que la angustia existencial es obvia, uno comprende por qué terminamos fabricando, a modo de anestesia, una personalidad o un sentido propio de la vida.

Cuando mi personalidad empezó a agrietarse, gracias al movimiento sísmico que expuse anteriormente, empezaron a penetrar a través de las grietas cantidades de presencia que no podía asumir. En aquel momento parecía como si algo me inundara desde fuera y yo me ahogara desde dentro de mi personalidad. Aún no era consciente de que no había fuera ni dentro, de que solo era una perspectiva vista desde mi personalidad. Mi «yo» se había convertido en insostenible, insoportable e ineficiente.

Después de esta sacudida, conviví un tiempo entre grandes revelaciones e intensos ataques de pánico por el miedo a perder la cordura. Ahí apareció *Un curso de Milagros* y, a pesar de que no pude reconocer al principio su ayuda, terminó mostrándome una nueva posibilidad, cómo entrenar la mente de forma sistemática para dejar de temer al miedo e integrar la profundidad misteriosa con la que la vida me inundaba.

Actualmente algunas personas me conocen por las charlas que comparto y por los libros que he escrito. Este que sostienes es el menos conocido. Fue escrito justo cuando yo terminaba mi etapa como practicante de *Un Curso de Milagros* y hoy representa una manera de agradecerle a ese gran libro azul toda su increíble enseñanza y acompañamiento.

Mi pasión por esta enseñanza no es debida a la enseñanza propiamente dicha, sino al lugar al que apunta, un estado de la mente libre de la mentalidad confundida por la versión contemporánea de la vida o las creencias vigentes de la actualidad. Muchas personas, desde su temor, aún lo llaman locura, pero es libertad, la libertad que reside detrás del miedo, la libertad del ser que vive realizado en, desde y hacia el presente.

SERGI TORRES

INTRODUCCIÓN

La verdad solo puede ser experimentada.
No se puede describir ni explicar.
Yo puedo hacerte consciente de las condiciones
que la facilitan, pero la experiencia en sí forma parte
del ámbito de Dios.
Juntos podemos satisfacer sus condiciones,
pero la verdad vendrá a ti por su cuenta.

CAP. 8-VII 9.8, PÁG. 167

Dando el paso hacia tu realidad

*Este es un paso preliminar básico, y el único que
tienes que dar por tu cuenta. Ni siquiera es necesario
que tú mismo lo completes, pero sí lo es que te
encamines en esa dirección.
Cuando decides ir en esa dirección, te pones a ti
mismo a cargo del viaje, función que a ti y solo
a ti te corresponde desempeñar.*

Cap. 6. v. a. 6.1

Todo es una misma cosa, sin importar la forma que esta
adopte. Alcanzar la conciencia de la Unidad y extenderla
en su corazón es la finalidad del ser humano. Pero ¿ha
llegado el hombre a su máximo estado evolutivo? ¡Por su-
puesto que no! El momento en el que nos encontramos es
aquel en el que el ser humano se ha convertido en «librepensador»; el punto en el que es libre de pensar que Dios
no existe, que está separado del universo, que puede sufrir
y que puede morir. Este es un estado evolutivo en el que
no se puede evolucionar desde dentro de él. Es por esta
razón que evolucionar significa, en términos reales, «salir
de este nivel de conciencia de aparente evolución». Y digo
«aparente» porque da la sensación de progreso, pero se
trata solo de una ilusión.

Hoy en día parecemos más avanzados que hace miles
de años porque en lugar de lanzarnos piedras nos lanzamos

misiles que detectan el calor o el movimiento. Pero la acción de lanzar al otro algo con el objetivo de herirle no ha cambiado en nada. Sigue ahí, en nuestras mentes. También parece que nuestro sistema de comunicación ha evolucionado. Pero ni los teléfonos móviles ni el sistema más avanzado de telecomunicación han conseguido el pleno entendimiento entre todos los humanos. La razón por la que no se puede avanzar en este estado de conciencia es porque es circular y, por lo tanto, cerrado. El movimiento dentro de este círculo da la impresión o sensación de evolución porque es un movimiento, pero, en realidad, nos encontramos en el mismo sistema de pensamiento que el del primer homínido cuando se pensó a sí mismo y fue consciente de ello. Es el mismo sistema de pensamiento dual, donde los opuestos y los matices existen, y donde lo eterno y lo absoluto no tienen cabida. La famosa evolución en espiral de la conciencia humana no es más que la falsa percepción que el ser humano tiene de una vuelta en círculo. Todo ello se debe a que la meta de este nivel de conciencia (la humana) es la protección del concepto o idea que uno tiene de sí mismo y del mundo que percibe. La base de esta meta es el miedo, y este produce un movimiento de contracción. De esta contracción resulta tu conciencia compactada en una forma llamada «cuerpo físico», al cual llamas de forma particular con nombre y apellidos. Este sistema de pensamiento se esclaviza a sí mismo generando un patrón circular, cerrado, para evitar su expansión natural. En realidad nada ocurre en él. Solo vueltas y más vueltas.

Todo el universo tiende a expandirse excepto la conciencia humana, que, basada en el miedo, se repliega en sí misma creando una imagen de falsa evolución. Complicado, ¿verdad? Pues esto es lo que el ser humano hace cuando le dicen que la Tierra es redonda y no plana, y tarda casi 1.000 años en aceptarlo; o que no es el Sol el que se mueve alrededor de la Tierra, sino al revés, y tarda 300 años en aceptarlo; o tú cuando te dicen que el mundo que ves no tiene nada que ver con la realidad, que es tu propia obra y no existe, y tardas más de un instante en aceptarlo y adentrarte en esta experiencia de ti mismo.

Una vez que la mente humana consigue romper este círculo, aparece el hombre librepensador consciente de su realidad y de su evolución. En otras palabras, las respuestas a las famosas preguntas: «¿Quién soy?», «¿De dónde vengo?» y «¿Adónde voy?» aparecen en su conciencia de forma natural y espontánea, al estar contenidas en la experiencia de esta nueva conciencia. Esto ocurre espontáneamente a través de una revelación o cuando uno empieza a cuestionarse su forma de pensar la realidad de sí mismo y el mundo que le rodea. Dicho de otra manera, ocurre cuando dejas espacio para que algo nuevo ocupe el lugar de lo viejo. Cuando ha ocurrido, emergen en la conciencia, en forma de experiencia que esta pueda entender, nuevas ideas que en realidad ya estaban ahí. Entonces aparecen nuevas teorías, como las que propone la física cuántica, para dar respuestas a este «nuevo mundo».

En el estado de conciencia humano actual, el cuerpo es el centro, el protagonista. Todo está basado en él y es el resultado de esa compactación de conciencia hasta tal punto que solo es consciente de lo que experimenta en él o a través de él. Aquello que se experimenta fuera de la frontera del cuerpo pasa a ser un mundo de inconsciencia que debe investigar, formular y establecer a través de sus cinco sentidos, los cuales son el resultado de esta limitación, debido a que su base es el cuerpo. Por lo tanto, obtendremos una conclusión falsa de dónde estamos, de lo que somos, de dónde venimos y de adónde vamos.

En el siguiente paso, fuera de este círculo de pensamiento, el cuerpo deja de ser el protagonista. Y, aunque sigue siendo el centro en el que tiene lugar la experiencia, es una experiencia que proviene de más allá de los límites autoimpuestos por la conciencia *Homo sapiens*. Esto se debe al intercambio de conciencia-miedo (contracción) por conciencia-amor (expansión). De este modo, el contacto con nuestro Ser real, que no está confinado en un cuerpo, emerge en nuestra conciencia. Su mente es Todo, su identidad total, una, indivisible y eterna. En este punto, no hay nada que temer, pues nada está fuera de uno mismo y, al no temer, la conciencia se expande hasta desaparecer de nuevo en el recuerdo de su estado natural, tal como el Todo dispuso que fuera, tal como Él lo creó.

Primero nos dimos cuenta de que las cosas no pasaban por casualidad. Luego, que ocurrían para que pudiéramos aprender y evolucionar. Ahora es el momento de reconocer que el amor y sus efectos son lo único que existe y que el resto, sus matices y sus opuestos, son una mera ilusión dentro de la conciencia humana. ¿Quieres dar este paso? Detente ante lo que ves, piensas y sientes, pues es temporal, limitado y separado de un Ser que es eterno, ilimitado y uno con todo lo que existe. Deja que lo que hay detrás de todo lo que ves emerja a tu conciencia. Deja que todo lo que hay detrás de lo que piensas y sientes se revele ante ti. Para eso está diseñado el entrenamiento mental del libro de ejercicios de *Un Curso de Milagros*: entrena tu mente de forma sistemática para que te pares ante la ilusión de lo falso y puedas cruzarla. Todo te espera justo ahí detrás.

Yo, que escribo esto, y tú, que lo lees, somos el mismo Ser. Soy muy consciente de que le escribo esto a la parte de mí mismo que se reconoce en ti y que cree ser lo que tú eres. Que esto sea cierto o no ya no depende de ti ni del mundo, sino de tu Ser real y de tu Creador, el cual comparte Su Mente contigo. Esta es tu realidad y a su experiencia es a lo que Un puente a la realidad te invita. Dios o el amor, tal como Él se concibe a sí mismo, es lo único que existe y tú, al aceptar tu identidad, te conviertes en su testigo.

Algunos se quedan en este paso durante mucho
tiempo, experimentando un agudo conflicto.
En este punto puede que incluso traten de aceptar
el conflicto, en vez de dar el siguiente paso
hacia su resolución.
Puesto que han dado el primer paso, no obstante,
se les prestará ayuda.
Pues una vez que hayan elegido lo que no pueden
completar solos, ya no estarán solos.

Cap. 6. v. a. 6.4

Nada que ver con lo anterior.
Formar juicios no es muestra de sabiduría;
la renuncia a todo juicio lo es.

M. 10.4.5

Quiero presentarte una nueva forma de pensar. Una nueva forma de ver y relacionarte con el mundo que no está vinculada a ninguna estructura anterior. No tiene ningún referente en sí misma. Se trata de un curso diseñado para ayudarte a alcanzar la experiencia de tu ser real. Su nombre es *Un Curso de Milagros*. En él no se ofrece una ideología, ni una filosofía emergente. Es simplemente un programa de estudios, acompañado de un marco de referencia teórico y un manual para los que deseen ayudar a extender este programa.

La terminología cristiana que el curso utiliza te resultará familiar únicamente a nivel formal. Si le concedes una oportunidad podrás comprobar que el contenido no tiene nada que ver con ninguna religión establecida. De hecho, *Un Curso de Milagros* no tiene que ver con nada que hayas leído antes. Si encuentras algún paralelismo con alguna otra forma de enseñanza es porque es la misma, pues no existe ninguna diferencia con ninguna enseñanza que tenga como objetivo mostrar la verdad de quién eres y de dónde estás.

UN PUENTE A LA REALIDAD aparece como resultado de la extensión de una mente que practica este curso y tiene como objetivo presentarlo a aquellos que aún no lo conocen, y ayudar a los que ya lo practican. Es una forma más de acelerar el acceso a la experiencia que este curso ofrece. Lo único que te pido es que te sientas libre de experimentarte a ti mismo de otro modo. De otro modo respecto a cada instante en el que te encuentres. Y eso incluye a este instante.

Deja que UN PUENTE A LA REALIDAD alcance tu mente, no trates de hacerlo tú. Solo debes prestar atención de forma continuada a lo que usas para mantenerte alejado de tu realidad, pues eso es lo único que se te está ofreciendo. Una vez visto esto, déjalo pasar. Libre eres incluso de lo que siempre has pensado que era tu realidad. Nada en este universo pretende atarte a la condición de sufrimiento y separación en la que te encuentras. Siéntete, pues, libre de acompañarme durante la lectura de este libro a un nuevo lugar en tu mente. El lugar donde la necesidad de un «cambio» profundo en nuestras mentes se hace evidente. Deja a un lado todas tus ideas, todos tus referentes, todas las imágenes que crees que se encuentran almacenadas en tu mente y sé libre de sentir, pensar y encarnar a un nuevo ser. Cómo conseguirlo no nos concierne. Cada instante que dediques a observar la identidad que crees ser será utilizado para demorar este salto a tu nueva realidad. Deja ya de renunciar a Todo por estar observando y determinando lo que no es Nada.

Quiero, simplemente, que accedas a la verdad de quién eres. No tengo ninguna otra pretensión, pues no existe otra. Tenemos tiempo para que leas y un espacio para que te sientas dentro de él. No necesitas nada más. Deja que el tiempo y el espacio que usas tengan un nuevo significado. Usaremos el tiempo para salir de él lo antes posible y el espacio en el que te encuentras para convertirlo en el lugar en el que reconocerás la necesidad de una alternativa real. Deja que el lugar y el momento en los que te encuentras ahora sean los últimos. Deja que sean completamente distintos a como tú los estableciste cuando entraste en ellos.

Se está gestando un nuevo estado en la conciencia humana, al cual ya se tiene acceso. Lo único que se requiere es el reconocimiento de que la conciencia humana no existe como tal. Es el reconocimiento de que en el amor no hay nada más. Esta nueva conciencia incluye la humana. *Un Curso de Milagros* es el puente que une las dos orillas, donde desde un lado se ven dos conciencias unidas por una enseñanza y desde el otro solo se ve amor y unidad. Una mente dividida, como lo es la humana, necesita un puente. Cuando esta se da cuenta, este aparece. Una vez cruzado, el puente desaparece.

Dios

Alcanzar a Dios es inevitable,
y tú no puedes eludirlo, de la misma manera
que Él no te puede eludir a ti.

Cap. 4-I 9.11

Si no puedes oír la Voz de Dios,
es porque estás eligiendo no escucharla.

Cap. 4-IV 1.1

Todos hemos sido creados por esta conciencia de amor absoluto, lo creamos o no. Sé que esta afirmación puede ofender a muchos de los que se consideran ateos o incluso agnósticos, así que permíteme explicarme. Me he encontrado a mucha gente que conoce *Un Curso de Milagros,* pero que lo dejaron de leer en el momento en que apareció la palabra «Dios». Unos suelen declararse ateos o en conflicto con la religión que les fue enseñada desde pequeños como herencia cultural; otros se convirtieron en ateos después de haberse sentido presionados a creer en un dios que su sentido común o su intuición les dice que no existe. La verdad es que tienen toda la razón. El dios que ellos creen que no existe, en realidad, no existe. Incluso, el dios que muchos creen que existe tampoco existe.

Dios no puede ser concebido, conceptualizado, abarcado, ni tan solo observado. En el momento en que tienes un destello de lo que es su naturaleza, esta te incluye a ti completamente y desapareces; dejas de tener opinión o valoración sobre Él. Simplemente sabes que Él es y tú eres junto con Él. La respuesta a la pregunta «¿Y cómo es que tú lo sabes, si para saberlo deberías haber desaparecido?» solo puede ser dada en realidad por ti, una vez lo has experimentado en ti mismo. Nadie puede contarte de forma comprensible la experiencia con Dios. No existe ninguna manera de expresar lo que no tiene forma.

Piensa en Dios por un momento. Obsérvalo. Incluso si no crees en Dios, mira la idea en la que no crees. Tómate unos instantes antes de seguir leyendo para mirarlo bien. Bien. Eso que has observado no existe. Ese dios no existe. Incluso el concepto más elevado que un ser humano pueda dar de Dios no es Dios. Son muchos los que saben o intuyen que existe una conciencia superior más allá de este mundo, pero, al no creer en el concepto de Dios que presentan las religiones, han generado otro concepto de Dios que encaje en su forma de ver esa idea de lo absoluto. Por eso nos encontramos con un dios de la nueva era o un dios que ama, pero que pone pruebas para que aprendas, o un dios que te da lo que pides, pero para el que tienes que aprender a pedir, porque, si no, te puede dar algo que en realidad no quieres por no saber pedirlo. Incluso están los que, creyendo que la palabra «Dios» es masculina, crearon la «Diosa». Todos estos dioses siguen siendo conceptos humanos y no tienen nada que ver en realidad con Él. Son arquetipos que la mente humana ha creado en respuesta a su necesidad de concebir algo superior a ella en un lugar en el que no se percibe a Dios.

En nuestra Historia, hemos matado en nombre de Dios y hemos provocado guerras entre culturas por tener distintos conceptos de Él. Pero todo esto no ha servido más que para demostrarnos cuán lejos hemos puesto a Dios de nuestras conciencias. Así que te sugiero que dejes de tratar de alcanzarle o de negarle, o incluso de defender la idea que tienes de Él, porque a lo que tú quieres llegar a unirte, defender o rechazar, va a ser siempre a tu concepto de Dios. Esto demuestra que la acción de tratar de alcanzarle y negarle son en realidad la misma, porque este gesto mental, esta actitud de creer que conoces lo que niegas o buscas, es todo lo que usas para evitar encontrarlo en realidad. Negar tu concepto de Dios o tratar de alcanzarlo no permite que el concepto que Dios tiene de Sí mismo te alcance a ti. La única manera de alcanzar a Dios es a través de Dios. Es como tratar de describir la realidad del Sol sin haber puesto tus pies en él o tratar de posarte en el Sol para describirlo. Antes de llegar a posarte, desaparecerías fundido. Solo podrías conocer al Sol a través del Sol, pues él se conoce a sí mismo.

Las ideas que tú tienes acerca de todo ocupan su lugar y, a través de ellas, ves este mundo fragmentado, donde tú y Dios sois dos cosas separadas. En estados de conciencia donde la separación es una realidad, a Dios solo se le puede percibir fragmentado. Y al ser Dios, tal como Él se concibe, lo único que existe, esto implica que el mundo que ves y las ideas con las que le das vida no existen en realidad.

Tanto el que conoce el 99,99 % de Dios como el que conoce el 0 % de Dios conocen exactamente lo mismo de

Él: nada. Este es un buen punto de partida para empezar a abrirse a Él, así que voy a ofrecerte ahora la gran paradoja: Dios no tiene forma, pero tú, que eres parte íntegra de Él, dentro de este aparente universo fragmentado, sí la tienes. Es por ello que el estado de forma (o cuerpo) implica amnesia divina. No recuerdas lo que eres, porque Dios no creó tu cuerpo ni el estado mental en el que crees que te encuentras ahora mientras lees esto. Dios te creó a imagen de Sí mismo. El resto fue una decisión que tú tomaste y olvidaste para poder mantenerla. Esto es a lo que llamamos «conciencia humana», y es a esa conciencia a la que va dirigido *Un Curso de Milagros*. Su propósito es que recuerdes que este mundo de separación, muerte, soledad, incomprensión, guerras y felicidad temporal lo creaste tú al decidir por Él. Y que al recordarlo puedas así elegir de nuevo para poder ver cómo este mundo se desvanece ante tu mirada. Aquel que se libera de sus propias ideas acerca de Dios, sean cuales sean estas, se da cuenta de que en realidad siempre recordó a su Creador, pues recordar a Dios es su estado natural, y se da cuenta entonces de que solo dentro de una ilusión pudo haber creído experimentar otra cosa.

Mientras Él sea lo que es, puedes estar seguro
de que es posible conocer a Dios
y de que lo conocerás.

Cap. 24-VI 1.5

... el recuerdo de Dios no puede aflorar en una mente
que lo ha borrado y que quiere que continúe así.
Pues dicho recuerdo solo alborea en una mente
que haya elegido recordar.

CAP. 12-VIII 5.2

Yo

Permíteme recordar todo lo que no sé, y deja que mi voz se acalle, mientras lo recuerdo.

Lecc. 358 1.5

No dejes que me olvide de que mi ser no es nada, pero que mi Ser lo es todo.

Lecc. 358 1.7

¿Qué he sido antes de ser yo?

El primer recuerdo que yo tengo como Sergi es el de yo mismo haciéndome esta pregunta; lo primero que recuerdo como pensamiento consciente y que pasó a formar el eje principal de toda mi infancia. Mi objetivo era recordar quién era en realidad y encontrar qué es lo que se escondía detrás de ese yo que se hacía la pregunta. De lo único que estaba seguro en aquel momento era de que yo no era solo aquel que se hacía la pregunta, sino algo mucho más extenso que no conseguía recordar totalmente.

La respuesta a esa pregunta siempre era inmediata y llegaba en forma de experiencia. Una experiencia que me llevaba a un lugar fuera del que yo me estaba haciendo la pregunta. En todos los casos siempre recibía la misma experiencia como respuesta: todo lo que veía frente a mí desaparecía como si fuera un decorado que se desvanecía y me veía siendo todo el universo. Cuando esta experiencia empezaba, recuerdo que sentía que mi cráneo se expandía como si fuera elástico, y cuando terminaba sentía un leve mareo. Lo único cierto que sabía de todo esto era que nadie a mi alrededor lo experimentaba y que ni tan siquiera se preguntaban lo que yo me acababa de preguntar. Eso me hacía sentir solo, dentro de un lugar en el que únicamente experimentaba dudas e incertidumbre. Sergi era la amnesia, la incomprensión, la soledad y la pregunta. En cambio, la respuesta a esa pregunta era Todo. Recuerdo que a menudo me hacía la pregunta motivado por un sentimiento de nostalgia. Yo lo vivía como un juego; era un secreto que tenía y que me hacía sentir especial dentro de ese desconcertante lugar.

A medida que me fui haciendo mayor esta pregunta fue desapareciendo de mi mente. Me pasé toda mi adolescencia tratando de encajar en el mundo que veía. Usé todo lo que vivía en este mundo para tratar de crear un yo o una personalidad que encajara lo mejor posible en él, pero un día, cuando tenía veintiún años, recordé que yo no era eso que percibía de mí mismo y que el mundo en el que trataba de encajar era una mera ilusión, la cual no era más que una simple imagen de la totalidad, tal como la percibía mi pequeño yo.

Actualmente he reconocido la insensatez de tratar de luchar con esa idea de estar en un lugar ajeno, con una identidad que no es real. Hoy uso mi identidad aparente, al igual que muchos otros, como vehículo, como una tarjeta de visita a través de la cual el universo se presenta en este mundo. Esto es lo que veo en todos. Todos son una puerta específica que me lleva al mismo lugar, a la misma conciencia.

No importa qué forma tenga la puerta, ni lo que la puerta piense de sí misma. Solo importa mi deseo de cruzarla o quedarme a este lado observando una ilusión.

Ahora sé que esta condición de apariencia, que toma forma de yo, no es más que una ilusión limitada de mi verdadero yo. *Un Curso de Milagros* me invita en cada página a aprender a pasar por alto la percepción de lo que veo, pues no solo no existe, sino que nubla mi visión ante mi verdadera identidad. Esta es la enseñanza que uso para recordar que olvidé preguntarme «¿Qué soy yo en realidad?» y que la respuesta a esa pregunta siempre es dada. Sé que no existo tal y como me concibo a mí mismo separado de mi Creador, a pesar de tener un mundo a mi alrededor que no solo no lo cree, sino que le aterra esta idea. Una vez que has dejado de luchar con tu yo, solo te queda llevarlo al límite de la existencia, poniéndolo en frente del espejo de la verdad. Y ante este espejo no hay reflejo; solo ves un puente que te lleva de vuelta a tu realidad.

Escucha… Tal vez puedas captar un leve atisbo de un estado inmemorial que no has olvidado del todo; tal vez sea un poco nebuloso, mas no te es totalmente desconocido: como una canción cuyo título olvidaste hace mucho tiempo, así como las circunstancias en las que la oíste.

Cap. 21-I 6.1

UN CURSO DE MILAGROS

*Tú, que aún no has llevado ante la luz que mora
en ti toda la tenebrosidad que te has enseñado
a ti mismo, difícilmente puedes juzgar la verdad
o el valor de este curso.*

CAP. 14-XI 4.1

¿Qué es *Un Curso de Milagros?*

Este es Un Curso de Milagros.
Es un curso obligatorio.
Solo el momento en que decides hacerlo
es voluntario.
Tener libre albedrío no significa que tú mismo
puedas establecer el plan de estudios.
Significa únicamente que puedes elegir lo que quieres
aprender en un momento dado.

INTRODUCCIÓN AL CURSO

«Esto es *Un Curso de Milagros,* toma nota.» Estas fueron las primeras palabras con las que la mente que iba a inspirar *Un Curso de Milagros* empezó a hablar dentro de la cabeza de su escriba, Helen Schucman. Esta voz se presentó a sí misma como Jesús.

¿Puedes imaginar cómo se sintió Helen Schucman, catedrática de Psicología Clínica de la Facultad de Medicina y Cirugía de la Universidad de Columbia, en Nueva York, después de escuchar esta voz dentro de su cabeza? William Thetford, compañero de profesión de Helen, tras escuchar atentamente lo que esta le contaba acerca de esta voz, le pidió que empezara a escribir lo que esa voz le decía. Pensaron que de esa forma iban a poder ver si, tal como Helen creía, estaba padeciendo alguna de las enfermedades mentales que tan acostumbrada estaba a ver en su profesión.

Al cabo de unos siete años (1972) escribiendo el Libro, que estaba dividido en tres partes (un libro de texto, otro de ejercicios y un manual para el maestro), este ya estaba terminado. En julio de 1992 nos llegó una traducción al español realizada por Rosa María Wynn. Actualmente son muchas las personas y organizaciones en todo el mundo que dedican sus vidas o su actividad a la divulgación del mensaje de *Un Curso de Milagros*. Cada una de ellas tiene una parte importante en la expansión de este mensaje de amor y perdón por todo el mundo. Quizá difieran en la forma, pero el contenido siempre es el mismo. A todos ellos, infinitas gracias.

Todo esto está siendo orquestado por el mismo autor del Libro, el cual tiene como finalidad primera, respecto al curso, encontrar un lugar y un momento en el que puedas hacerlo. A todos, tarde o temprano, se nos va a dar una nueva visión en la que veremos que el mundo en el que vivimos, tal cual lo hemos interpretado, no existe. Tarde o temprano vas a darte cuenta de que un cambio de parecer a nivel mundial no solo es necesario, sino que depende única y exclusivamente de ti, de forma individual.

Todos vamos a despertar a esa nueva conciencia de unidad llamada «amor». Y todos vamos a extenderla de forma natural, pues así fue establecido por Aquel que nos creó.

Un Curso de Milagros es la guía que te dirige de forma directa a ese lugar en el tiempo en el que despiertas ante la luz de tu realidad. Está diseñado por una mente que recordó a su Creador, desde el punto en la conciencia en el que tú te encuentras. Por eso es directo. Está inspirado por una mente que te habla desde fuera del laberinto y te guía directo a la salida.

Este curso procede de fuera de los parámetros del espacio y del tiempo, y está dirigido a la mente que está autolimitada por ellos. Con tan solo una frase podrías acceder a la experiencia de tu Ser, tal como la Totalidad lo conoce. Su autor sabe esto, pero también sabe que la mente a la que va dirigido este curso no se ve a sí misma de este modo y, por lo tanto, no cree que esto sea posible sin un proceso o un cambio marcado por el tiempo. El curso dispone de todo lo que esta mente dividida necesita para poder restablecer su conexión con la Unidad.

La verdadera esencia de *Un Curso de Milagros* aún está por llegar. Depende única y exclusivamente de la mente que lo recibe. Este curso, al ser un mensaje real, es verdad en todos los estados en los que una mente humana pueda llegar a encontrarse. Uno de los aspectos más claros en los que se divide el propósito de este curso es el de acelerar el tiempo que la mente temporal cree necesitar para aceptar por completo el mensaje que este curso propone. Por esta razón, su herramienta para ayudarte va a ser el milagro. La finalidad de este es mostrarte en un instante aquello que tanto tiempo te hubiera llevado aprender.

La mente que inspiró *Un Curso de Milagros* sabe que no existe nada que puedas aprender por el hecho de ser quien eres. Pero, debido a que lo has olvidado, sabe también que necesitas que se te lleve de nuevo al lugar de donde procede el curso y donde tu recuerdo permanece esperándote. Eso ocurriría justo en este instante si no fuera porque crees que eso es imposible o que requiere un aprendizaje. La voluntad de su autor es que llegues ahora a ese recuerdo, pero respeta tu decisión de creer en el tiempo. Por eso presenta su voluntad en forma de curso para que tú, que crees necesitar aprender, lo puedas hacer.

Este curso no tiene la intención de crear ningún establecimiento, estructura o ideología alrededor de sus ideas. La intención es la contraria: poder separar a la mente humana de toda creencia o estructura para que pueda dar cabida de nuevo a la verdad. Esta aparecerá en la mente de cada uno de forma totalmente individual y específica. La verdad nunca es igual en la forma porque la verdad en esencia carece de forma. Por esta razón la finalidad de *Un Curso de Milagros* no es darte una forma de la verdad, sino ayudarte a deshacer los obstáculos que tú mismo has puesto entre tu mente y la verdad. Este curso no es más que una forma que la verdad ha tomado para que la reconozcas en ti. El curso no es el fin, sino el medio.

Todo está establecido ya para que vuelvas a ser quien eres. No es necesario ningún curso que te muestre quién eres en realidad. Solo sería necesario en caso de que lo hubieras olvidado y un mundo de olvido se hubiera erigido a tu alrededor. Este es el caso de quienes solo recuerdan haber vivido en un lugar donde el amor, la paz y la felicidad tienen opuestos, y además no saben que este lugar en realidad nunca existió.

Jesús tiene como objetivo llegar a todas las mentes, sin importar dónde crean hallarse estas en relación a lo que Su curso ofrece. Es un libro vivo. Él recordó. Él conoce muy bien la mente a la que va dirigido el curso y la mente a la que este da acceso. Él es el puente entre ellas dos y tú, que un día lo cruzarás. Y cuando eso ocurra te darás cuenta de que no dejas nada tras de ti, puesto que todo tu mundo cruzará el puente contigo.

Un Curso de Milagros es una comunicación directa
de Dios a través de Jesucristo, indicando la aparente
situación condicional de falsa separación entre
Dios y el hombre, y la manera en la que esta
aparente escisión es y fue reparada.
El único propósito de Un Curso de Milagros
es alcanzar la iluminación a través
de la transformación de tu mente.

EL MAESTRO DE MAESTROS DE *UN CURSO DE MILAGROS*

Este es un curso de entrenamiento mental.

CAP. 1-VII 4.1

El propósito de este curso es que aprendas
a conocerte a ti mismo.

CAP. 16-III 4.1

¿Por qué *Un Curso de Milagros?*

*El conocimiento no es la motivación
para aprender este curso.
La paz lo es. La paz es el requisito previo para
alcanzar el conocimiento, simplemente porque los
que están en conflicto no están en paz, y la paz es la
condición necesaria para el conocimiento porque es
la condición del Reino.*

CAP. 8-I 1.1

La única forma de ser feliz es amando. Y el propósito del curso es liberarte de los obstáculos que has puesto entre tú y el amor. La naturaleza de cualquier ser del universo es el amor. Cuando uno ama se siente feliz. Esta es la única acción que da testimonio de quién eres y con la que puedes acercarte al recuerdo de quién eres. Es la única acción que te permite ser y sentir la realidad de lo que amas.

Todo lo que se interpone entre tú y la acción de amar a todo lo que ves, sientes u oyes, es el resultado de tu capacidad de elegir otra experiencia distinta al amor. Esa elección es la que genera un estado mental en el que puedes percibirte aún separado de tu realidad y mantener a todo tu mundo en ese mismo estado. Tú eres quien valora si una situación puede ser amada o no o si alguien merece ser amado o no. El amor no hace esto. El amor simplemente ama.

Lo único que en realidad puedes hacer ante cualquier persona o situación es amar, pues amor es lo único que en realidad eres. El ego ve esta afirmación como una imposición, y esta es la razón por la cual te presenta una alternativa que, a pesar de no ser real, se pueda vivir como tal. Así es como, al identificarte con el ego, te mantienes alejado de tu libertad de amar y solo amar. Él siempre te presenta lo que percibes al revés de cómo es. Amar cualquier situación o persona te hace libre; en cambio, ser libre de no ser libre es una opción que para el ego es real y sigue significando libertad.

Para salir de esa esclavitud autoimpuesta, lo único que puedes hacer es amarlo. No puedes trabajar el ego. No puedes mejorar el ego. No puedes enseñarle a amar, ya que él es lo que tú has creado como alternativa al amor. Por esta razón, *Un Curso de Milagros* no está diseñado para cambiar ni mejorar el ego. Está diseñado para desvanecerlo, pues él es el obstáculo que has interpuesto entre el amor y tú.

El ego no puede aprender nada verdadero. Esta es la razón por la que *Un Curso de Milagros* no pretende enseñarle nada verdadero. Pretende, sin embargo, enseñarte a ejercer una acción en tu propia mente para que se pueda invertir tu sistema de pensamiento y llevar así todo lo que tu mente contiene ante un nuevo paradigma. Hasta ahora se te ha enseñado a elegir entre dos opuestos (el miedo y el amor) para poder encontrar un equilibrio. Ahora la propuesta es que aprendas a elegir entre una situación de opuestos y una donde todo es uno.

No existe nada fuera de ti. Todo cuanto percibes está ocurriendo en tu mente y, por lo tanto, es en tu mente donde la solución debe ser recordada de nuevo. Este curso te provee de un entrenamiento mental directo para que lo puedas hacer y mantener activo a cada instante, de forma que puedas alcanzar esta experiencia de inclusión y unidad.

Una de las cosas que el ego suele hacer con más frecuencia ante las afirmaciones que el curso presenta es buscar aliados que confirmen que estas son lo contrario a la verdad, que todo se halla fuera de ti y que tienes que aprender o desarrollarte de tal forma que puedas sobrevivir ante tal escenario. Recuerda que todo lo que se interpone entre tú y tu capacidad de amar es tu propia decisión de experimentar otra cosa distinta al amor. Y, para poder hacerlo, antes debes crear una alternativa al amor a la que poder elegir. Al no haber nada fuera de tu mente, esta decisión de experimentar algo distinto al amor es la que ofrece a lo que ves la opción de no amar y la de no ser amado. Y estos son los testigos que el ego utiliza para confirmar que su alternativa también existe. Así que el resultado de su propia decisión genera los testigos que luego él usa para darle realidad.

Todo lo que el mundo refleja no es más que tu propio estado mental. Y es a ese mundo al que le preguntas quién eres. Yo, que me considero separado de todo, le pregunto al mundo que refleja mi separación si soy un ser separado. ¿No es eso absurdo? Jesús define esta forma de pensar como «locura». Él describe el estado mental que sostiene el ego como un sistema de pensamiento enfermo. Yo nunca había considerado la posibilidad de estar loco por pensar que este mundo existía tal como yo lo percibía. Para mí era lo normal y cualquier otra cosa que cuestionara su realidad era una locura. Cuando fui consciente de esto, me di cuenta de que para salir de este sistema de pensamiento circular necesitaba ayuda. No es posible hacerlo desde dentro del mismo sistema de pensamiento. Me di cuenta de que antes debía soltarlo por completo y verlo desde esa nueva perspectiva. Jesús lo expresa de esta manera:

No puedes evaluar un sistema de creencias demente desde su interior. Su campo de acción lo impide.
Lo único que puedes hacer es ir más allá de él, mirarlo de nuevo desde un punto donde la cordura existe y ver el contraste. Solo mediante este contraste puede la locura ser juzgada como locura.
Con la grandeza de Dios en ti, has elegido ser insignificante y lamentarte de tu insignificancia.
Dentro del sistema que impuso esta elección, lamentarse es inevitable. Allí tu pequeñez se da por sentada y no te detienes a preguntar «¿Quién lo permitió?».
La pregunta es insignificante dentro del sistema de pensamiento del ego, porque abriría todo el sistema de pensamiento a poder ser cuestionado.

CAP. 9-VII 6

Así es como enseña este curso, a través de los contrastes. Te describe con pelos y señales cómo es en realidad la condición mental en la que te encuentras y te da todas las herramientas necesarias para que aprendas a decidir salir de ella. Este es un curso en honestidad. Una vez que has reconocido la naturaleza del error, todo viene solo. Por eso, este curso es el más rápido que conozco. Y, a pesar de que sé que pronto dejará de ser necesario, en este momento en el que se encuentra la raza humana no solo es necesario, sino obligatorio. Todo el mundo despertará a su realidad. ¿Cuándo? Esa es la incógnita que solo tú puedes desvelar.

Este curso es muy simple. Quizá pienses que no necesitas un curso que, en última instancia, enseña que solo la realidad es verdad. Pero ¿crees realmente esto? Cuando percibas el mundo real, reconocerás que no lo creías. Mas la rapidez con la que tu nueva y única percepción real se convertirá en conocimiento no te dejará más que un instante en el que darte cuenta de que solamente eso es verdad.

CAP. 11-VIII 1.1

Encontrando *Un Curso de Milagros*

Tú ocasionaste el problema que Dios ha resuelto.
Por lo tanto, hazte únicamente la pregunta
«¿Deseo el problema o la solución?».
Decídete por la solución y la tendrás.
Pues la verás tal como es y verás
que ya dispones de ella.

Cap. 11-VIII 4.4

Muchos de los que tienen un ejemplar de *Un Curso de Milagros* en sus manos podrían contar una historia, anécdota, casualidad o sincronía de cómo el libro llegó a ellos. Esto es así porque en realidad es el curso el que viene a ti cuando tú estás listo para escuchar su mensaje. Incluso en esto, este curso está invirtiendo las leyes del mundo. No eres tú el que elige tenerlo, sino que es él el que te elige a ti.

Una vez que ha ocurrido esto, muchas de las personas que son encontradas por el curso creen que aún no están preparadas para aceptar su mensaje. A su modo de ver, todavía es temprano para entenderlo y aún más para practicarlo. Por eso es muy frecuente encontrar gente que adquirió el libro cinco, seis, hasta diez años antes de empezar a aplicarlo. Este fue mi caso. Después de tenerlo seis años en una estantería, por fin me consideré preparado para aceptar lo que me ofrecía. Y es ahora cuando me doy cuenta de que cada situación de mi vida, desde que este curso entró en ella, estaba dirigida para que pudiera finalmente aceptarlo.

El día de mi veintiún aniversario, estaba a punto de soplar las dos velas del pastel, una en forma de dos y la otra en forma de uno, cuando algo me detuvo. Sentí la presencia de alguien a quien no veía, que me invitaba a parar un momento. En ese instante, mientras todos veíamos cómo la vela del dos se apagaba sola, escuché una voz dentro de mi cabeza que dijo: «Feliz primer aniversario». Pasados cincuenta y cinco días, mi madre me regaló un libro titulado *Un Curso de Milagros*. Lo agradecí profundamente y lo dejé en una estantería. Ahora sé que ya en ese instante pude sentir perfectamente todo lo que este libro ofrecía, pero consideré que era demasiado para mí en ese momento. Seis años más tarde, una voz que me hablaba desde hacía unos meses me invitó a empezarlo de esta manera.

2 de febrero de 2004

Emprenderemos un exhaustivo entrenamiento, en el que podrás dirigir tus neuronas hacia la verdad de tu Ser. Trata de permanecer abierto al cambio y a la magia de la verdad que Dios hoy expone ante ti.

Este es el gran deseo de los grandes seres. Tú estás ahora en el sendero de la ilusión transmitida desde tus ancestrales generaciones.

Hoy trasciendo la verdad en forma de Pensamiento, para que cortes esta ilusión.

También es el verdadero sendero del hijo que quiere Ver...

En ese momento yo no sabía que me hablaba de aquel libro azul que tenía en la estantería; lo único que sabía, por la sensación que me produjeron sus palabras, es que sería muy intenso. Un mes después, tuve mi primera experiencia con el curso. Una experiencia que estaba fuera de mi alcance. Nada podía pararla ni cuestionarla. Solo podía observarla, disfrutarla y unirme a ella completamente. Era lo que era a pesar de lo que yo pensara. Nada igual podría haber sido producido desde mi mente, tal como yo la conocía. En ese instante yo era todo lo que el curso se propone ofrecer. Nada estaba excluido de esa experiencia. Desde ese instante, toda mi vida está enfocada al propósito que el curso postula. Y esto incluye la expansión de su mensaje, lo cual toma forma en Un Puente A La Realidad.

En lo que llevo de experiencia con el curso he visto cuatro tipos de personas o situaciones de vida en las que este aparece. El primer grupo es el de aquellas personas que, hartas de sufrir, se rinden y piden con toda su alma salir de ese pozo de oscuridad y sufrimiento en el que se encuentran. Son gente que daría lo que fuera para poder salir de sus vidas, tal como las están viviendo en ese momento. Muchos de ellos han intentado salir a través del suicidio, de las drogas o del alcohol. El segundo es el de los llamados «buscadores espirituales». Son personas que desde hace tiempo buscan algo que intuyen que existe más allá de este mundo. Este grupo incluye muchísimos caminos, culturas y creencias, pero llega un momento en que todos ellos, cansados de buscar y no encontrar, piden una alternativa real. El tercero es poco frecuente. Es el grupo de aquellos que despertaron de forma espontánea y, en su necesidad de extender el mensaje de su despertar y de mantenerse activos y despiertos en sus mentes, encuentran en el curso la herramienta perfecta. El cuarto y último es al que más aprecio. Es el de aquellos que no pueden incluirse en los grupos anteriores. Sus vidas son cómodas; gozan de un estilo de vida aceptable y no sienten la necesidad de cambiar nada. No se consideran buscadores espirituales, pues no sienten esa inquietud; incluso, muchos de ellos son ateos o agnósticos, y tampoco han experimentado ninguna experiencia reveladora que les indique que existe algo distinto a lo que están viviendo. Estos experimentan muchas resistencias con el curso, que ven como una amenaza a sus preciadas vidas. Suelen rechazar la forma en la que está expresado el curso, al igual que su vocabulario; sobre todo las palabras «Dios», «Hijo de Dios», «Espíritu Santo», «Jesús» y «Cristo». Un amigo mío incluso cuestionaba el título; decía que este ya impedía que mucha gente abriera el libro. Todo esto no importa en realidad. Cuando estés preparado para el curso este aparecerá en tu vida, y tu preparación para que lo aceptes voluntariamente será cuestión de tiempo. Es el ejemplo que Sara nos expone.

Ni siquiera buscaba un cambio en mi vida cuando Un Curso de Milagros *entró en ella. Nunca fui eso que luego conocí como «buscadora espiritual», ni siquiera creía en ningún Dios ni nada parecido, o al menos eso pensaba. Cuando el curso llegó a mis manos disfrutaba de una etapa de mi vida en la que me sentía bien conmigo misma, absolutamente libre y sin ninguna intención de cambiar nada.*

Eso a lo que llamaban «un entrenamiento mental para deshacer mi identidad» me pareció algo de entrada muy agresivo y radical. ¿Por qué iba a querer deshacer quien soy? El primer día que oí a alguien hablar en términos del curso me fui corriendo de la sala, escapé de aquello que me parecía todo menos atrayente y en un idioma desconocido e indescifrable. Ni siquiera despertó en mí la intención de querer volver nunca ni conocer más del curso. Las circunstancias personales me llevaron a compartir mi vida con alguien para el cual el curso era «la verdad», lo que siempre estuvo buscando, de modo que me encontré literalmente viviendo con alguien que quería hacer de su vida la experiencia continua que el curso ofrece. A partir de esa relación, descubrí el curso.

El principio de mi aventura en el curso fue intenso; sentía que se me estaba empujando forzosamente a tener que cambiar. Al empezar a leerlo y encontrarme frases como «No hay mundo», «El mundo es una ilusión» o «No somos un cuerpo», lo único que deseaba hacer era cerrar el libro para siempre y seguir con mi vida. Eso sin hablar de las resistencias que tuve con los términos religiosos que el libro presenta. Todo eso lo viví en un principio como una amenaza viva a mi existencia, a mi estabilidad y a mi adorada independencia, que tanto tiempo y trabajo me había costado conseguir. Pensé que perdería a mi familia, que perdería a mis amigos, que me estaban metiendo en algo cerrado, sectario y peligroso de donde nunca podría salir.

¡Y de ninguna manera quería eso! Ahora pienso: ¿quién iba a querer eso tal y como yo lo estaba viendo? ¡Es aterrador!

Algo más allá de cualquier explicación hacía que me mantuviera firme; no puedo explicar qué, pero en mí se recibían una especie de «instrucciones» muy sutiles con las que sabía que debía mantenerme ahí, a pesar de mis propias resistencias. Algo se estaba cancelando dentro de mí, sin ni siquiera ser consciente de ello. Sabía que ese mensaje era verdad y tuve experiencias que después vi que eran la resolución que ofrece el curso. Y esas experiencias me alentaban a seguir.

Me impliqué activamente en el curso y me rendí a conocer aquella experiencia de la que los demás hablaban y que yo empezaba a vislumbrar: experimentar el amor absoluto a través de responsabilizarme de mi propia decisión de cómo sentirme respecto a todo. Ahora me permito acercarme a cualquier persona y ofrecerle la solución íntegra a través de mí misma. Y eso no puede expresarse con ninguna palabra de agradecimiento, porque ¡no existe algo que pueda abarcar la gratitud que Dios siente por ti! Estos últimos son la generación de maestros que justo ahora empieza a emerger. Personas libres de cualquier dogma, creencia, religión o práctica espiritual que pueda tamizar la verdad del mensaje original.

Un Curso de Milagros nos dice que existe un plan, urdido por Aquel que nos creó, para que aquellos que lo hemos olvidado podamos recordarlo. Tú juegas un papel importante en este plan y la forma que toma es la extensión de forma individual y singular de esta nueva forma de pensar al mundo. El mundo que ves te impide elegir libremente llevar a cabo tu función real. El propósito de Un puente a la realidad *es llevarte al lugar donde puedas elegir libremente la práctica de* Un Curso de Milagros. *Gracias.*

Practicando *Un Curso de Milagros*

Una mente sin entrenar no puede conseguir nada.
El propósito del libro de ejercicios es entrenar tu mente
de forma sistemática para tener una percepción
diferente de todas las cosas y de todo el mundo.
Introducción del libro de ejercicios, pág. 1.

Este es el camino que Jesús nos ofrece para alcanzar el estado de reconocimiento del Ser. Cuando empecé a practicarlo, para mí no era más que otro entrenamiento, una forma más a la que se me había invitado a practicar para cambiar mi mente. Llevaba desde los catorce años buscando aquello que recordaba de pequeño y que este mundo no me ofrecía. Había hecho muchos cursos de formación holística o alternativa, pero sabía que había algo totalmente distinto a lo que este mundo me ofrecía. A pesar de ello, esos cursos me bastaban porque lo que en realidad estaba buscando era una manera de sentirme más cómodo en el mundo, en lugar de encontrar una solución que lo solucionara por completo. Cuando el curso llegó a mi vida no lo reconocí como la puerta a través de la cual encontraría la solución íntegra, simplemente porque no era eso lo que buscaba. No era consciente en ese instante de cuánto iba a cambiar mi idea acerca de todo, ni de cómo mi propósito de vida iba a dar un giro radical. Cada lección de este curso está formulada para que accedas a una nueva forma de pensarte a ti mismo y al mundo que te rodea.

En 1998 empecé la carrera de Psicología motivado por la necesidad interna de entender la condición humana y su forma de pensar. En lugar de esto me encontré aprendiendo cómo otros veían o habían visto la psique humana y cómo esas opiniones habían establecido distintos puntos de vista para abordar esa comprensión. Decidí dejar la carrera. El mundo en el que vivimos es un reflejo de nuestra forma de pensar. Se nos enseña a adaptarnos a él y a sentirnos miembros partícipes. Todo el mundo sabe que no es un mundo sano. Todos sabemos que hay guerras, enfermedades, hambre, explotación, diferencias de clases. Todos sabemos que unos están más favorecidos que otros y que todo aquel que amenaza este sistema establecido es el que tiene que cambiar. Toda solución que se le da a este mundo es usada para enriquecerlo, en lugar de para cambiarlo completamente. Las ideas de los grandes pensadores del mundo son empleadas para reflexionar y enriquecer a este mundo, pero no se permite que estos pensamientos lo cambien radicalmente. Aquellos que ofrecen ideas que enriquecen o refinan la forma de pensar humana son considerados sabios o intelectuales; en cambio, quienes ofrecen una solución íntegra y real son considerados unos locos o, en el mejor de los casos, unos idealistas.

Un Curso de Milagros es un pensamiento radical porque este mundo es un pensamiento radical. Su propósito no es mejorar tu manera de pensar ni que aprendas mejores recursos para vivir mejor en él. Lo que este curso te ofrece es una forma de ver este mundo tal como es visto

desde la total falta de juicios o ideas preconcebidas, ense-
ñadas previamente por el mismo mundo. En esto es en lo
que está enfocado este entrenamiento mental. Este curso
pretende que entrenes suficientemente tu mente para mirar la solución en lugar del problema. No existe solución
en este mundo mientras tú no la aceptes por completo en
tu propia mente. A este mundo se le ha dado la solución y
eres tú, pero esta no habrá llegado en realidad hasta que no
recuerdes quién eres; hasta que no recuerdes que no pro-
vienes de este mundo, sino de Aquel que te creó.

Estás tan acostumbrado a tu forma de pensar que necesitas un entrenamiento sistemático y sostenido en el tiempo
para que puedas tener la oportunidad de elegir salir de ella.
Todo cuanto piensas será el obstáculo que pondrás ante
este entrenamiento, y el propósito de este será que aprendas
a pasar por alto lo que piensas. Nadie puede darte una razón lógica para que empieces a practicar *Un Curso de Milagros*, porque, en última instancia, va a ser a través de tu
propia opinión que vas a tomar la decisión.

Tal como el curso subraya, no eres libre
de elegir el programa de estudios, ni siquiera
la forma en que lo vas a aprender.
Eres libre, no obstante, de decidir cuándo
quieres aprenderlo.
Y, al aceptarlo, ya lo habrás aprendido.

M. 2.3.6

LA NUEVA VISIÓN

El mundo que veo mantiene en pie mi temerosa
imagen de mí mismo y garantiza su continuidad.
Mientras vea al mundo tal como lo veo ahora,
la verdad no podrá entrar en mi conciencia.
Dejaré la puerta que se halla tras este mundo abrirse
para mí, para que pueda mirar más allá de él
al mundo que refleja el Amor de Dios.

LECC. 56 3.2

Esto es un sueño

*La misión del Espíritu Santo es abrirles los ojos a
los ciegos, pues Él sabe que no han perdido su visión,
sino que simplemente duermen.
Él los despertará del sueño del olvido
y los llevará al recuerdo de Dios.*

CAP. 12-VI 4.3

Llamar «sueño» al estado mental en el que te encuentras es la forma más fácil y clara de describirlo. Cuando uno sabe que lo único que existe es la Unidad y la Perfección, sabe también que, para experimentar cualquier otra cosa, esta tiene que ser imaginada o soñada. Y esta situación ajena a la verdad tiene que ser el producto de un estado mental que, al salir de él, puedas reconocer que no fue real y que nunca existió. Lo más cercano a esta descripción es estar dormido soñando profundamente.

Creer que esto es un sueño es imposible cuando estás dormido, al igual que creer que esto es real también es totalmente imposible una vez has despertado. Es algo muy difícil de creer si estás dormido, porque nada de lo que ves o vives te informa de que estés soñando. Y esto es así porque aquello que usas para percibir es parte del sueño. De hecho, tú eres la idea central a través de la cual sueñas. Es la misma situación en la que se encontraba Galileo Galilei hace unos cuatrocientos años. Nadie creía que la Tierra daba vueltas alrededor del Sol, porque todos percibíamos que el Sol daba vueltas alrededor de la Tierra. Ninguna de sus teorías era aceptada, pues estaban basadas en algo que no era real para las conciencias de esa época. Aceptar sus ideas significaba que lo que veíamos tan evidente era una mera ilusión, un engaño de nuestras percepciones. Hoy en día, todos seguimos viendo que el Sol da vueltas alrededor de la Tierra, pero ya casi nadie se cuestiona que esa percepción nos engaña.

Dar un nuevo paso en esta dirección, visto desde este ejemplo, tiene sentido porque si lo que vemos en el caso del Sol en relación a la Tierra es falso, ¿cómo podemos asegurar que nada de lo que vemos sea tal como lo vemos? ¿Quién puede asegurar ahora que es imposible que el mundo en el que vivimos no sea tal como lo percibimos? Vivimos en un mundo que refleja nuestra manera de ver las cosas y que no tiene nada que ver con el mundo que se esconde detrás de nuestras ideas. Demostrar esto no depende de fórmulas matemáticas, sino de mentes que estén dispuestas a despertar dentro del mundo que se halla más allá de nuestros pensamientos y permitir su extensión.

Solo en un sueño la verdad puede verse opacada. Solo en una fantasía el amor puede tener opuesto. Solo dentro de una ilusión puedes dejar de percibir lo único que existe. Este mundo en el que vivimos no puede ser producto de un Ser que conoce únicamente su naturaleza real y que crea a su semejanza. Dios no creó este mundo. Dios sigue viéndote tal cual Él te creó. Él te mostrará esto, si tú se lo permites, a través de medios que puedas entender y ver. Serán personajes en tu sueño que no responderán a las leyes de tu mundo. Ellos hablarán en nombre de tu Creador y de tu realidad. Solo vienen a recordarte que esto es un sueño. Nada más. El resto es entre tú y Aquel que te creó.

No importa cuán profundo estés dormido. Dios siempre te alcanzará porque solo existe Dios. Allí donde tú estés soñando, estás rodeado de Dios. Aun en la pesadilla más profunda, ahí está la salida, completamente abierta. No importa qué tipo de sueño estés soñando. Puedes despertar en cualquier momento. No importa lo que sueñes si tu propósito es despertar. No pierdas tiempo analizando tu vida o tratando de cambiarla. Tal cual es ahora es un escenario perfecto para despertar a la realidad y experimentar algo completamente real.

Todo el universo respeta y ama tus decisiones, pero nadie apoyará tu decisión de experimentar una ilusión. Por eso siempre te sentirás solo y desamparado cuando creas que la ilusión es real. En cambio, cuando desees despertar no hay nadie que no se una a ti en ese propósito. Y verás, de repente, que todo lo que ocurrió en tu sueño te indicaba que eso era un sueño. Verás que cada instante dentro de la ilusión lo único que pretendía era sacarte de ella. Verás lo único que existe en todo el universo. Verás amor en cada recuerdo, en cada momento. Verás que ese sueño nunca ocurrió, pues al ver su falsedad, este se desvanece. Estar profundamente dormido en un sueño donde el amor, la paz y la dicha tienen opuesto, sin ser conscientes de ello y soñar un libro que te lo diga, es un Milagro.

Yo no sé cuánto tiempo va a tomar para ti despertar, ni de qué forma va a ser. Eso no es lo importante. Lo importante es tu capacidad de despertar. Eso es lo que va a ser usado y solo requiere tu decisión de que así sea. Despertar es muy simple, pero parece difícil porque lo estamos soñando así de difícil. En realidad solo consiste en darnos cuenta de que este estado de somnolencia es literalmente imposible para la mente que el amor creó. Cuando uno reconoce esto en sí mismo, lo reconoce también en los demás. Esta es la forma en la que la verdad se extiende a otras mentes. Cuando la reconoces en ti, la reconoces en los demás y eso es así porque ante la verdad tu mente es Una con todas las demás.

El ego cree entender y cree en las imágenes que el sueño te muestra. Él no puede aprender a hacer otra cosa, porque fue creado por ti para hacer esto, pero tú, que te has identificado con él, ahora puedes dejar de hacerlo. Con ello se te restituirá todo tu conocimiento. Tu conciencia despierta no requiere aprendizaje ni procesos. Solo el ego y todo lo que se identifica con él lo requieren. Despertar, por lo tanto, únicamente requiere de tu decisión de quererlo. Todo lo que cree necesitar un proceso va a adaptarse de forma gradual a ese despertar. Acelerar este aparente proceso es lo que pretende *Un Curso de Milagros*. Al llevar la conciencia dormida que cree precisar tiempo ante la conciencia despierta, la primera acorta el tiempo del proceso.

Al dejar de usar el sueño para despertar, este se acelera de forma natural para que puedas aceptar, sin miedo, la conexión con tu mente íntegra lo antes posible en el tiempo. Tú ya despertaste hace mucho tiempo; solo te encuentras en una identificación con algo que nunca despertará porque no existe. Pretender despertar algo que no existe requiere de un tiempo para que esta conciencia se dé cuenta de ello. Cuando se le ofrece esto al ego, lo primero que hace es mirar al sueño a ver qué herramientas le ofrece, que él pueda conocer, para despertar. Su pretensión es evitar sentir miedo y evitar que veas que su intención es mantenerte a ti dándole «vida». Sabe perfectamente que si dejas de prestarle atención, desaparecerá. Recuerda que uno de los postulados de la física cuántica es que el observador crea lo observado, así que si dejas de observar a tu ego, desaparecerá. Esta es la forma en la que *Un Curso de Milagros* opera. Te da ideas que provienen de tu mente despierta para que las mires y dirijas tu atención a ellas en lugar de a tus propias ideas, fruto de un ego separado de todo el universo. Entrenar a tu mente para que se identifique con tu realidad en lugar de con tu ilusión es el propósito del libro de ejercicios del curso.

Para una mente que cree haber estado dormida y separada de su Creador toda su vida, es necesario un entrenamiento exhaustivo y consistente. Una práctica constante que ocupe el tiempo que esta mente ocupa para poder restituir su sistema de pensamiento verdadero. Si te alías con tu ego para esta gesta, tardarás todo el tiempo del mundo. Alíate con tu mente despierta y verás desaparecer el tiempo ante tu mirada y todos tus recuerdos de dolor y sufrimiento junto con él. Si no sabes cómo aliarte con ella, la forma más práctica y eficaz es practicar una enseñanza que provenga de esta mente despierta. *Un Curso de Milagros* es la forma más cercana que toman ahora estos pensamientos en tu sueño. Úsalos. Si realmente quieres que este mundo cambie, no lo extiendas más. Coge tu mente y entrégasela a Aquel que sabe. No tengas miedo del ego, no tengas miedo del sueño. Ponlos al servicio de tu despertar. Tú representas en mi sueño la oportunidad de despertar en él. Tú no eres el sueño. Yo tampoco lo soy, y juntos somos la oportunidad de despertar en él. Esto es lo que significa este libro. Es una oportunidad. Tú estás leyendo esto y yo lo estoy escribiendo, así que tenemos una oportunidad única. No importa el papel que cada uno de nosotros esté llevando a cabo. Lo único que importa es nuestro propósito de despertar. Todo se nos ha dado para poder recordar lo que somos en realidad.

Cuando dos o más mentes se unen en un propósito, este se hace real. De ahí viene la frase «Donde hay dos o más reunidos en mi nombre, allí estoy yo en ellos» (Mt. 18, 20). Cuando dos o más mentes se unen en el propósito de recordar su unidad, se genera un espacio donde más mentes pueden acudir. Este mundo es el resultado de la unión de las mentes que tienen como propósito vivir separadas de su realidad y de su Creador. En cambio, el espacio que generan las mentes despiertas o con el propósito de despertar es la respuesta a aquellos que tienen el deseo dormido de saber la verdad. No tienes que hacer nada. Todo está hecho ya. Solamente inclúyete en esa conciencia que va más allá del espacio y el tiempo. No tienes que hacer nada más que mantener tu propósito fijo y lo suficientemente estable como para que la unión con esta conciencia real aparezca de nuevo en ti.

Cambiar el sueño es la única actividad que la mente humana puede hacer cuando está soñando y cree que el sueño es real. Esto es lo mismo que tratar de cambiar su condición mental sin salir del estado mental que la mantiene sin cambiar. Este personaje soñado cree ser el efecto del sueño. Cree que el sueño es el que determina quién es, dónde está y a dónde se dirige, pero esto no es más que una ilusión.

Actualmente, algunos ya han despertado en el sueño. Esto significa que saben que están en una condición dormida y que no saben nada en realidad porque todo lo que ven refleja un mundo de ilusión. Muchos otros ya han reconocido la naturaleza ilusoria de este mundo, que está en oposición a la eternidad. Muy pocos han despertado del sueño y permanecen en él como referente o ayuda para aquellas mentes que desean lo mismo. Estos son la forma que el Espíritu Santo toma en el sueño. El Espíritu Santo es la forma más elevada de comunicación. Es la mente que ve lo que tú sueñas sin olvidar la verdad. Mantenerse alineado con Él es la forma más rápida de reconocer tu realidad. Él es el traductor simultáneo de pensamientos densos o dormidos a pensamientos de luz o despiertos. Él está disponible constantemente, en todo momento, porque sabe que el tiempo no existe y, a la vez, sabe que tú sí crees en el tiempo. Es una de esas herramientas de que dispones en el sueño que tu ego jamás usaría por considerarla algo desconocido y completamente ajeno a él.

Cada cultura tiene una definición para este campo de conciencia universal despierta. En mi caso, es el Espíritu Santo y para poder experimentarlo tuve que vaciar mi mente de todo referente pasado con este nombre. El Espíritu Santo empieza en Dios y termina en ti, dentro de este sueño, sin variar su esencia. No tiene nada que ver con ningún establecimiento religioso. Es una acción mental continua e instantánea de la oscuridad a la Luz.

Te invito a que hagas uso de Él. Descubre qué forma toma en tu mente. Para algunos es una paloma blanca, para otros es una serpiente alada, para mí es un campo de energía en forma de remolino que aspira todo hacia arriba. ¿Qué importa eso? Lo importante es que no uses tus ideas acerca de Él para encontrar razones para no usarlo. Permítele que te muestre quién es en tu propia mente. No dejes que nadie, ni nada, establezca tu relación con Él por ti.

Tienes todas las herramientas necesarias para poder despertar. Todas ellas se hallan escondidas bajo tus juicios, con la intención de no ser usadas. Si la gente supiera el éxtasis de felicidad y amor que se experimenta cuando se usa el perdón de forma real, muchas personas dejarían de «drogarse» y empezarían a aprender a perdonar.

Mucha gente cree que una mente que se da cuenta de la naturaleza onírica de esta vida y despierta se convierte en una mente apática, insensible e indiferente a todo lo que pasa a su alrededor. Pero no tiene nada que ver con la realidad. Una mente que sabe que duerme y que puede ver más allá de las ilusiones se convierte en un torrente de pasión y amor que llena cada escena del sueño con la luz de la conciencia, en ayuda de todos los personajes que la rodean y quieren despertar con ella. Esta mente despierta está despertando a cada instante. Usa cada instante del sueño para despertar y llevarse consigo a todos cuantos desean ver lo que hay más allá de sus propias percepciones limitadas. Parece una mente indiferente porque no se cree, ni comparte, la ilusión que tú tratas de compartir con ella, pero en respuesta a tu petición te ofrece la totalidad de tu Ser o tu yo despierto.

Si lo aceptas, despiertas a la realidad de quien eres junto con él. Esto es lo que yo experimenté con una de las formas que esta mente única y despierta adopta en mi sueño.

La primera vez que le conocí fue en julio del 2004. En esa época yo ya había tenido varias experiencias de lucidez, en las que pude experimentar que estaba soñando, pero nunca antes había vivido lo que este ser estaba a punto de ofrecerme. Él es un Maestro de Maestros de *Un Curso de Milagros*. Hacía muy poco que había tomado la decisión de dedicarme a practicar este curso y me pareció lógico ir a una conferencia que un Maestro de Maestros iba a dar con motivo del parlamento de las religiones del mundo, en el Fórum de las Culturas de Barcelona. Por esas «casualidades» de la vida, pude acceder a una charla que ofreció en *petit comité* a miembros de su academia que estaban organizando las actividades que se iban a llevar a cabo durante esos días. Al principio solo vi en él a un hombre de unos ochenta años, muy alegre y enérgico, que hablaba con una pasión que jamás antes había visto. Era un hombre que me resultaba muy agradable, pero que al mismo tiempo me producía mucho respeto y miedo. La gran mayoría de la gente a su alrededor se reía mucho, y me daba la sensación de estarme perdiendo algo que no podía ver; algo que ellos sabían y compartían, y que yo no podía alcanzar.

Cuando la charla ya se terminaba, toda la gente se puso de pie para despedirle. Yo me levanté también y en ese momento me miró y me dijo: «*Let me remember you*» (permíteme recordarte). En ese instante, me vi ahí, de pie, con ochenta años, enfrente de mí, diciéndome a mí mismo esa misma frase. Yo era quien me estaba pidiendo permiso para acordarme de mí mismo. Cuando volví a verle a él enfrente de mí, pude ver ese halo de luz dorada alrededor de su cabeza que se ha representado desde siempre en los santos. Seguido a esa imagen, un pensamiento cruzó mi mente: «Si él está iluminado y yo soy él, entonces yo también lo estoy». En ese momento sentí cómo mi mente se compactaba en un punto, en el centro de mi cabeza, y explotaba inundándolo todo. Allí donde miraba, lo veía todo dorado. Era como una corriente de un flujo de luz dorada que se expandía de su mente a la mía y de la mía a la suya, inundando toda la sala. El halo circular de su cabeza había perdido su forma circular y lo estaba inundando todo junto con mi mente. Me sentía uno con todo. Empecé a mirar a mi alrededor y todo lo que veía tenía un brillo distinto a como yo había visto las cosas hasta ese momento. Todo estaba rebosante de luz y vida. Las sillas, las paredes, todo. Allí donde miraba, me veía a mí mismo. Todos los que estaban en esa sala eran yo. Eran distintas formas de expresión de mi Ser. Todos eran brillantes y dorados. Y, al verlo, reafirmaba lo que sentía en mí. Todo lo que percibía incrementaba lo que estaba experimentando. Era consciente de que todo eso seguía siendo un sueño, seguía siendo una ilusión, pero lo estaba viendo desde la perspectiva de la mente despierta que tú y yo compartimos como Ser Único.

Recordar quién eres es el único propósito real que tienes, mientras no lo recuerdes. Olvidar esto es muy fácil en un mundo que te ofrece miles de aparentes alternativas. El propósito de *Un Curso de Milagros,* sin embargo, es reestablecer la conexión con la realidad de tu Ser. Por esta razón lo uso como herramienta para mantenerme despierto y en servicio activo a esta conciencia que es el hijo del amor.

Vas a despertar de este sueño porque ya estás despierto. Esto es un hecho y es seguro porque despierto es el estado en el que fuiste creado y en el que siempre has permanecido y vas a permanecer eternamente. El momento en el que vas a decidir experimentarlo depende de ti y del instante en el que lees esto. Dado que el único instante que tienes en tu conciencia en estos momentos es este mismo instante, y debido también a que tú te encuentras en él, este es el instante en el que tu vida puede cambiar completamente de propósito. Solo requiere que tú lo desees. Nada más. El resto viene dado como respuesta a tu petición de conocer la verdad. Cualquier situación que necesites para experimentar tu despertar te será dada de la forma perfecta para que ocurra lo antes posible en el tiempo. El tiempo ya no será un obstáculo, sino un aliado, y todo cuanto experimentes estará asistiéndote para que cumplas tu nuevo propósito, así como lo que has estado experimentando hasta ahora te mantenía dormido.

Cuando creíamos que la Tierra era plana, todo nos confirmaba nuestra manera de pensar. En el momento en el que empezamos a tener indicios de que era redonda, las evidencias fueron dadas para que esta mente que percibía la Tierra plana y tenía que renunciar a sus ideas por otras completamente nuevas y locas lo pudiera hacer de la forma más impecable. Confía plenamente en tu decisión en pos de la verdad. Si dudas de lo que has leído, no te lo creas.

Detente y pide que se te muestre la verdad. Esta te será mostrada en tu propia mente, de una forma que encaje en tu forma de ver la vida. Sé que va a ser así porque la verdad es verdad y nada más lo es.

Padre, estaba equivocado con respecto a mí mismo
porque no reconocía la Fuente de mi procedencia.
No me he separado de ella para adentrarme
en un cuerpo y morir.
Mi santidad sigue siendo parte de mí,
tal como yo soy parte de Ti.
Mis errores acerca de mí mismo son sueños.
Hoy los abandono.
Y ahora estoy listo para recibir únicamente
Tu Palabra acerca de lo que realmente soy.

Lecc. 228 2.1

Tu verdadera herencia

En vez de: «Buscad primero el Reino de los Cielos»,
di: «Que tu voluntad sea primero el Reino de los
Cielos» y habrás dicho: «Sé lo que soy y acepto mi
propia herencia».

CAP. 3-VI 11.8

Aquel que te creó estableció tu herencia y la puso en ti. Nadie en este mundo puede establecerla, ni aceptarla por ti. La idea que Dios tiene de ti es tu patrimonio; por lo tanto, aceptar tu herencia y recordar quién eres son la misma cosa. Es tu única función, allí donde te encuentres. Por eso se requiere una revisión del propósito que le has otorgado a tu mundo. Ahora se te ofrece una oportunidad para cambiar el uso que le has dado. Nada de lo que hasta ahora has vivido ha sido usado única y exclusivamente para recordar quién eres. Más bien, ha sido una oportunidad para establecer una identidad suficientemente alejada de tu realidad como para no recordarla.

Lo que le pides al mundo es que sostenga y proteja la imagen que tú tienes de ti mismo y de tu mundo, y eso es lo que hace que tu sufrimiento aquí sea posible y que acceder a tu herencia natural, en cambio, sea algo aparentemente imposible. Al pedirle al mundo que te rodea un propósito que no es el suyo, el mundo real desaparece, opacado por el mundo que da respuesta a tu petición. Amor, inocencia, perfección, conocimiento y verdad eterna son aspectos de tu herencia que no solo deben ser reconocidos, sino también extendidos. Cuando una mente recuerda su herencia, todo su mundo dispone de la gran oportunidad de aceptarla junto con ella. Por ello su función consiste ahora en mantener este recuerdo vivo en su mente, para que todo aquel que esté dispuesto a aceptar su herencia pueda encontrarla.

La extensión de la verdad (que es la ley del Reino) radica únicamente en el conocimiento de lo que es la verdad.
Esta es tu herencia y no tiene que aprenderse en absoluto, pero cuando te desheredaste a ti mismo te convertiste por necesidad en un alumno.

CAP. 7-II 5.6

Pon toda tu atención en recordar quién eres. No permitas que el mundo establezca tu propósito. Establécelo tú en tu mente, junto con Aquel que conoce tu herencia, y compártelo con tu mundo. Nadie puede decirte qué has venido a hacer aquí, porque nadie lo sabe. Lo único que puedo sugerirte es que, si no recuerdas quién eres ni qué haces en este lugar, centres toda tu atención en ello. Mientras no aceptes tu herencia, no existirás. Vivirás en un mundo diseñado por tu propia mente con el fin de sostener una ilusión de ti mismo para poder soportar, de la forma más cómoda posible, la ansiedad y el miedo de haber olvidado quién eres. Todas las mentes que te encuentres en este mundo del olvido son producto de un acuerdo a «unirte» a ellas con el propósito de sostenerlo. Al haber olvidado tu identidad, todo cuanto ves te muestra la misma condición mental en la que tú te encuentras en tu propia mente.

Cuando te encuentras con alguien que recuerda quién es, este procede de la parte de tu mente que decidiste olvidar. En otras palabras, te muestra el estado mental del que tú decidiste separarte. Por eso representa una oportunidad, pues el recuerdo o tu acción de aceptar tu herencia toma la forma de ese personaje que recuerda por ti. La aparición de este personaje no significa más que una oportunidad en la que puedes reestablecer el propósito que tú le habías otorgado a tu mundo.

Esta mente que encarna tu herencia no puede hacer nada más que mostrarte qué es lo que significa para ella aceptar la herencia de tu Creador, en espera de que tú te decidas a aceptarla también. Lo mismo ocurre cuando abres el libro *Un Curso de Milagros*. En ese momento estás enfrente de lo que tu mente real escribe, leyéndolo desde la mente que se olvidó de sí misma. Por ello puede ser llamado «puente»: une las dos mentes en la acción de leer un texto que lo único que pretende es que la brecha entre ellas desaparezca.

Este mundo en el que te encuentras no puede ser tu herencia, pues tu herencia fue establecida por Aquel que no tiene opuesto. De hecho, el mundo entero espera a que el recuerdo de quien eres amanezca de nuevo en tu mente para que lo extiendas en él. Este mundo que tú has creado con el propósito de mantenerte alejado de tu recuerdo ahora puede empezar a mostrarte evidencias del camino a seguir, si así lo decides. Nadie ni nada puede obstaculizar el deseo del Hijo del Amor. Este mundo de guerras y hambre responde a las peticiones que tú le haces, pero este puede cambiar radicalmente si lo que le pides es que te muestre quién eres en realidad.

Tu percepción te engaña. Al creerte separado de todo lo que existe, solo puedes ver separación. Permite que aquellos que saben quiénes son te muestren el camino. Pide conocerte a ti mismo y estos aparecerán, así como aparecieron aquellos que compartían tu amnesia y la veían como algo normal. No te dejes engañar más por ellos. No es normal que no sepas quién eres. Créeme que todos en el universo saben quiénes son, por ley Divina. Todos ellos están dispuestos a ayudarte y a aparecer en tu vida de una forma que puedas reconocerlos, aceptarlos y entenderlos. Quizá te vendan el periódico, quizá paseen el perro por el parque, quizá te atiendan de urgencias en el hospital, no importa. Están ahí. Los reconocerás. Cuando decidas poner tu mente al servicio de recordar. Ellos aparecerán como resultado de tu acuerdo a unirte a ellos con el propósito de recordar.

Esto es lo que Jesús vino a enseñar. La herencia de Dios está en ti. Tú eres su herencia. Recuerda tu identidad y aceptarás lo que es tuyo.

El Reino de los Cielos está en vosotros.

Lc. 17,20

Vivir en un cuerpo
que no existe

¡Qué diferentes son las cosas al otro lado del puente!
Durante algún tiempo se sigue viendo el cuerpo,
pero ya no es lo único que se ve, como ocurre aquí.
La pequeña chispa que contienen los Grandes
Rayos también es visible y no puede ser confinada
a la pequeñez por mucho más tiempo.
Una vez que hayas cruzado el puente, el valor
del cuerpo disminuirá tanto ante tus ojos, que ya
no tendrás ninguna necesidad de enaltecerlo.
Pues te darás cuenta de que su único valor
es el de permitirte llevar a tus hermanos contigo
hasta el puente, para allí ser liberados juntos.

CAP. 16-VI 6.1

El cuerpo es el resultado de una agrupación de átomos ordenados alrededor del pensamiento «Yo soy un cuerpo». Una tarde, estaba impartiendo las enseñanzas que el curso propone acerca del cuerpo:

No hay ni un solo instante en el que el cuerpo
exista en absoluto.
Es siempre algo que se recuerda o se prevé,
pero nunca se puede tener de él

una experiencia ahora mismo.
Solo su pasado y su futuro hacen que parezca real.

CAP. 18-VII 3.1

Estaba enseñando que el cuerpo no era más que una mera idea, que solo era la forma en que se manifestaba el concepto que yo tenía de mí mismo basado en un aprendizaje pasado, pero que su naturaleza era irreal. Recuerdo haber expresado también que yo no era esa idea llamada «cuerpo», que justo detrás de ese pensamiento se hallaba toda mi realidad. En ese instante, una mujer que escuchaba la enseñanza se levantó, se me acercó, me pellizcó con intensidad en el brazo y me preguntó: «¿Eres o no eres un cuerpo?», y en ese momento me di cuenta de la imposibilidad de esa enseñanza. ¿Cómo puedes mostrarle a alguien que cree ser un cuerpo que no existe el cuerpo?

Con esta idea niego por completo tu existencia. Tú, que crees ser tu cuerpo, usarás todo lo que tengas a tu alcance para demostrar su realidad y tratar de convencerte de ella, pues crees que si tu cuerpo no existiera, entonces tú tampoco. No se le puede enseñar a alguien que usa toda su conciencia para mantenerse encerrado en un cuerpo que él no es un cuerpo. Cuando uno recibe la verdad desde ese punto, la ve como una amenaza y se siente atacado y obligado a defenderse. Esta es una de las razones por las cuales muchos de los que practican el curso tratan de encontrar un acuerdo entre las ideas que este propone y las ideas que propone este mundo. Este empeño es completamente en vano. Las ideas del curso y las de este mundo son diametralmente opuestas. No existe un punto de encuentro porque la línea de enseñanza del curso nunca se tuerce, es siempre vertical y cuando la del mundo lo hace para encontrarse con la del curso, cuando el cruce ocurre, esta, al ser vista ante la luz de la verdad, se desvanece.

Defender las ideas que un mundo de cuerpos tiene sobre el cuerpo no cambia la realidad. El cuerpo sigue siendo producto de una mente que cree estar separada de la Totalidad y lo usará con dos finalidades bien claras y, al mismo tiempo, opuestas; una, para defenderse del Todo, al mantener su identidad separada dentro de un cuerpo, y la otra, para dirigirse hacia Él, poniendo su identidad separada a Su servicio. Ambos casos siguen siendo una ilusión, pero una te mantiene lejos de tu realidad y la otra te acerca a ella. El uso del cuerpo para mantenerse separado de todo y todos está más que descrito en la historia de la humanidad, así que voy a enfocarme en el uso que la verdad hace de esta experiencia llamada «cuerpo físico».

Una vez, estaba haciendo cola en un restaurante situado en el puerto. El ambiente era agradable. Había pequeños grupos de gente esperando también mesa. De repente, empecé a sentir que la textura del ambiente cambiaba. Empecé a percibir una intensa presión y densidad en todo lo que me rodeaba. Al notar esto, miré inmediatamente a mi alrededor y vi cómo todas las personas que estaban allí conmigo eran esa densidad que yo experimentaba; todas ellas eran un cúmulo de ideas compactadas y retenidas en un mismo espacio. Así es como yo estaba percibiendo lo que eran cuerpos. Cada uno adoptaba una forma concreta, la cual era resultado de sus propias ideas acerca de sí mismo. Cada cuerpo tomaba la forma de la opinión que tenían acerca del

Todo. De todas ellas, la única idea que compartían era que estaban separados los unos de los otros. En ese instante comprendí que era el pensamiento de separación el que daba origen al cuerpo físico. Más allá de estas ideas o densidad, justo donde se terminan los límites físicos del cuerpo, la fuerza con la que se atraían las ideas empezaba a ser más ligera, más sutil, manifestándose así en cuerpos de luz o energías más sutiles, hasta llegar a la idea más periférica, la cual les unía a todos. Esta era la idea de que solo existe un único Ser. Esta última idea la estaba viendo como la inclusión de todas las ideas particulares que adquirían formas. Y esta idea, al concebirse a sí misma como una, no daba realidad a las opiniones individuales y subjetivas de sus partes que creían ser elementos separados.

Ninguno de ellos podía percibir esa última idea, porque toda su energía, toda su conciencia, estaba siendo usada para retenerse dentro de ese límite físico. Pude ver cómo esa actividad es totalmente antinatural y requiere toda tu energía para sostenerla. Esa es la razón por la que el cuerpo se cansa, se estanca, pierde vida, se endurece, envejece, enferma y muere. En cambio, la tendencia natural vista desde la idea singular del Todo es la expansión y no la contracción. Todo a mi alrededor eran seres encerrados en sus propias ideas usando el miedo como fuerza cohesiva para poder sostener una forma que no tiene sentido vista desde fuera de ese estado de conciencia. Es lo mismo que cuando hacemos dos castillos de arena en una playa: ambos están creados por granos de la misma playa unidos por su base. En realidad, siguen siendo la playa, pero desde la identidad de cada castillo eso no es así. Cada uno de ellos es un castillo separado, situado en un lugar distinto al del otro, viendo la distancia que les separa como un espacio vacío. No ven que están hechos encima de algo que les une y que su identidad tarde o temprano desaparecerá y pasará a ser de nuevo arena de la playa.

Cuando sueltas todas tus propias ideas de lo que tú crees que es tu cuerpo, entonces una nueva experiencia con relación a él puede amanecer en tu conciencia. Todo el propósito inicial que tenía el cuerpo desaparece cuando lo pones al servicio de tu realidad y ella lo usa de una forma completamente opuesta al miedo. Usa tu cuerpo como medio de comunicación para extender el amor de Dios a todo cuanto ve. En esta nueva experiencia el cuerpo ya no es el fin, sino el medio.

La verdad usa al cuerpo para presentarse ante aquellos que solo ven cuerpos. Es el modo que la luz tiene para ser vista en un lugar donde solo se ven formas densas o compactadas de luz. Esto, ciertamente, no se puede enseñar ni aprender. Solo se te puede invitar a que descubras por ti mismo la verdad. Para mí, es estar viviendo en una paradoja constante. Todo el universo se relaciona con todo el universo a través de mi cuerpo, y en esa experiencia el cuerpo desaparece. Pasa a ser una ilusión en mi mente, la cual no tiene ningún propósito más que escribir estas palabras en este momento y volver a fundirse con Todo.

Ahora experimento mi cuerpo como un espacio vacío donde todo ocurre. Nada queda retenido. Todo transcurre a través de él. Muchas veces mi cuerpo pasa a ser las situaciones en las que me encuentro o el lugar en el que estoy. Nada queda excluido. Todo es invitado al punto desde el que todo parte. Todo vuelve a la totalidad a través de mí. Ya no uso el cuerpo para protegerme de lo que antes vivía como algo externo. Simplemente, todo es invitado de forma natural, incluida la frustración de ser pellizcado para demostrar algo que no puedo rebatir. Si tú crees ser un cuerpo, nadie podrá demostrarte lo contrario, pues aquel que venga a demostrártelo tendrá que adoptar una forma corporal para que lo veas y respetar las leyes que tú le impones a tu mundo.

El despertar, o el reconocimiento de que nada aparte de Dios existe, es un acontecimiento que incluye completamente al cuerpo. Muchos piensan que el hecho de saber que el cuerpo no existe, implica rechazo o despreocupación hacia él, y no es así. Simplemente sabes que no es real, y la forma con la que te relacionas con esa ilusión pasa a ser irrelevante y, al mismo tiempo, completa.

El cuerpo es una disposición, una puerta de entrada para que algo que no tiene nada que ver con la experiencia de estar sometido a un cuerpo pueda entrar y ser visto. No es más que un elemento de contacto entre los que creen estar sufriendo en un cuerpo y la libertad absoluta. En este punto, el cuerpo se convierte en un templo andante a través del cual la enseñanza más sagrada puede llegar allí donde se necesita. Cuando estés en medio de un conflicto, sea cual sea su forma, sabrás que estás ahí para que la verdad que has aceptado para ti mismo llegue a ese lugar a través de ti. Nada más. Ahora, la Palabra de Dios se manifiesta por un momento en una forma que pueda ser vista, tocada, escuchada y entendida por aquellos que han decidido esconderse de ella dentro de un cuerpo.

La dicha y la gracia que se experimentan al ponerte al servicio pleno de Dios no pueden ser explicadas. No hay palabras. Está más allá de lo que los sentidos del cuerpo pueden sentir. Experimentar a Dios te lleva más allá de toda cosa explicable. Es sobrecogedor. Es Total. Ante esta situación, es imposible retener. Es imposible guardarte nada. Todo se convierte en una entrega absoluta. Das todo porque todo te es dado. Nada queda en ti que pueda ser retenido. No hay nada que veas que no merezca ser perdonado, ni puedes dejar de amar completamente a todo ni a todos. Y así el cuerpo asciende. Es así como la idea que tú tienes del cuerpo es ascendida a su propósito último hasta que uno deja de necesitarlo y desaparece.

Toda nuestra atención está puesta en estar cómodos dentro de nuestro cuerpo. Esto se manifiesta de muchas formas que ya conocemos: tratando de evitar sentir dolor, tratando de sentirnos seguros, tratando de protegernos, tratando de sentir placer, tratando de gustar a otros... Pero el resultado de ese intento siempre es temporal, pues parte de la percepción de los sentidos del cuerpo y hemos visto que estos están basados en el tiempo. La única forma de estar estable dentro de una situación inestable como es la de estar en un cuerpo es mantener despierto el recuerdo de quién eres en realidad. Es este recuerdo el que se encarga de cuidar tu cuerpo. Es el recuerdo de que no eres un cuerpo el que mantiene esta idea de cuerpo en la que vives sana y estable dentro de esta paradoja. Te sugiero que dediques todos tus empeños a preguntarte quién eres, en lugar de a cuestionarte cómo puedo estar mejor en mi cuerpo. Y, en el momento en que lo recuerdes, tu cuerpo ya no será más necesario.

El propósito final del cuerpo es volverse
a sí mismo innecesario.
Aprender a hacer esto es la única razón real
de su creación.

Ur-text

Ahora quiero que prestes atención a cómo Jesús le expresa a Helen Schucman (la transcriptora de *Un Curso de Milagros*) en el texto original, llamado *Ur-text,* el abandono de la idea de su cuerpo y el significado de su desaparición. Y cómo usa, después de resucitar, esa idea de cuerpo como medio de comunicación y símbolo de libertad absoluta.

El texto del *Ur-text* está sacado del librito *La realidad de la resurrección física,* editado por Un Curso de Milagros Internacional:

Mi cuerpo desapareció porque yo no tenía ilusiones
acerca de él. La última había pasado. Fue colocado
en la tumba, pero no quedaba nada para sepultar.
Este no se desintegró porque lo irreal no puede
morir. Simplemente se convirtió
en lo que siempre fue.
Y eso es lo que significa «hacer rodar la piedra».
El cuerpo desaparece y ya no esconde lo que se
encuentra más allá. Simplemente deja de interferir
con la visión. Hacer rodar la piedra es ver más allá
de la tumba, más allá de la muerte, y entender que
el cuerpo no es nada. Aquello que se entiende
como nada debe desaparecer.

Después de eso, asumí una forma humana, con
atributos humanos, con el fin de hablar a aquellos
que irían a probarle al mundo la falta de valor del
cuerpo. Esto ha sido sumamente malinterpretado.
Yo vine a decirles que la muerte es una ilusión
y que la mente que hizo al cuerpo puede hacer otro,
dado que la forma, en sí misma, es una ilusión.
Ellos no entendieron. Pero ahora me dirijo a ti
y te doy el mismo mensaje. La muerte de una ilusión
no significa nada. Todas desaparecen cuando
despiertas y decides no soñar más.
Y todavía tienes el poder de tomar la misma
decisión tal como yo lo hice.

La muerte

A medida que te acercas a tu Origen, experimentas
el miedo a la destrucción de tu sistema
de pensamiento como si se tratase del miedo
a la muerte.
Pero la muerte no existe.
Lo que existe es la creencia en la muerte.

CAP. 3-VI 5.10

Toda idea con la que te enfrentas en esta vida en la que el miedo está presente es, en realidad, la idea de la muerte. Todo lo que ves en este mundo refleja ese pensamiento. Todo en este mundo muere: mueren tus seres queridos, mueren tus relaciones, mueren tus ideas, mueren los días, mueren tus estados de ánimo… Todo, absolutamente todo, está basado aquí en el intento de demostrarte que la muerte no solo existe, sino que tarde o temprano te alcanzará.

No hace mucho tuve una experiencia sobre la muerte cuando me dirigía a impartir una sesión de enseñanza en la sede de una asociación cultural establecida como espacio para la práctica de *Un Curso de Milagros*. Al cruzar la calle, me acordé de mí mismo en Egipto, cuando los romanos empezaban a ocupar ese territorio. Me vi entrando en un lugar donde muchos esclavos trabajaban la piedra cerca de unas pirámides y fui consciente de que los esclavos no eran felices y los romanos, que les estaban obligando a trabajar de esa manera, tampoco lo eran. Al ver esto me acerqué al romano que dirigía esos trabajos para ofrecerle una alternativa. Quería mostrarle otra manera de tratar a los esclavos y así conseguir que ambos, esclavos y romanos, obtuvieran un beneficio. En otras palabras, que fueran felices. Al cabo de pocos días me encontraba atado a una cruz de madera, después de haber sido duramente torturado en público como ejemplo de lo que les sucede a aquellos que tratan de ofrecer una alternativa a las leyes del Imperio.

Seguidamente, me recordé a mí mismo en Inglaterra alrededor de 1813. Pertenecía a una familia noble, y recuerdo que estaba metido en política. Era alguien muy arrogante, descarado y desafiante. Mi propósito era cambiar el sistema político y social, que solo favorecía a unos pocos. Me irritaba formar parte de la nobleza de entonces, preocupada únicamente de las apariencias y la superficialidad. Yo era un noble que se emborrachaba a menudo y no tenía reparo en airear sus frecuentes visitas a casas de mujeres de «muy mala fama». Todo esto, junto con mis constantes confrontaciones en la política, me llevó a ser secuestrado, encerrado en un calabozo y asesinado. Dejaron mi cuerpo en la calle y dijeron que había muerto por exceso de alcohol. Aún recuerdo la intensidad de las palabras del carcelero cuando me dijo que jamás conocería a mi hija, que iba a nacer en breve.

Al siguiente instante me acordé de que estaba cruzando una calle en el año 2007. Me dirigía de nuevo a ofrecer una alternativa a este mundo de sufrimiento, dando una sesión de enseñanza de *Un curso de Milagros*. En esta ocasión, el lugar era el centro de esa asociación cultural.

Al contemplar estas escenas, me di cuenta de que siempre he estado haciendo la misma cosa. Vi cómo la historia se repetía en mí una y otra vez; tan solo cambiaba la forma en la que se presentaba. Me di cuenta de que siempre estoy haciendo lo mismo. Entendí que no existe la muerte. No existe nada que pueda amenazar lo real. Lo real de mí nunca muere. Solo parecía morir el personaje o la forma que yo adoptaba según el momento en el que creía encontrarme. En ese instante sentí una fuerte sensación de que la muerte no puede amenazar a la verdad. No tiene ningún efecto sobre ella.

Entendí en ese momento que si me identifico con el personaje, en este caso Sergi escribiendo esto, mi muerte está asegurada. En cambio, si me identifico con mi ser real, la eternidad está asegurada. He visto que la muerte es una decisión también, basada en lo que yo quiero experimentar de mí mismo. Y así como yo me experimente a mí mismo, así experimentaré a los demás. Ahora bien, si solo lo eterno e inmutable es verdad y este personaje llamado «ego» no es más que una forma momentánea que asumo para expresar lo eterno e inmutable, entonces el ego no existe y tampoco su principio ni su fin. Esto es lo que todos aquellos que han trascendido la idea de la muerte han venido a mostrar. Seres como Milarepa, Jesús de Nazaret, Sri Aurobindo, Sri Nisargadatta Maharaj y muchos otros no son más que simples personajes fruto de la eternidad y que la recordaron para poder mostrarla a aquellos que la han olvidado.

Krishnamurti dice en su libro *Sobre la vida y la muerte* que tenemos miedo a la muerte porque tenemos miedo a que una parte de nosotros mismos no vaya a continuar.

Esa es la parte que creemos ser y pensamos que con la muerte algo va a ocurrir en nosotros que nos va a afectar de algún modo.

Muchos creen que la verdad de la muerte o su sentido es la liberación. Pero si la muerte termina siendo finalmente una liberación o un cambio, es porque el que la vive así ha tomado la decisión de que la muerte sea una liberación o un cambio. La muerte en sí no es nada. Carece de significado como cualquier idea en este mundo. Solo cuando tú le otorgas significado a una idea, esta toma la forma del significado que tú le has dado y tu vida se adapta para que puedas experimentar esa idea de la forma que tú has decido experimentar.

En este mundo hacen falta personas que enseñen a decidir según la realidad. Personas que enseñen a otorgar significados reales a las ideas que este mundo presenta. Personas que hayan renunciado a sus propios significados y hayan aceptado la idea de que Dios da sentido a todo lo que ves. Todo significado real emerge en la mente que lo pide y se experimenta cuando esta renuncia al significado que le había dado antes. Esto es algo posible en todos y no solo es posible ahora, sino que terminará siendo seguro.

La muerte no es más importante ni trascendente que la idea de desayunar mañana por la mañana. Solo el significado que tú le has dado, basado en el conjunto de la mayoría de la humanidad, hace que la muerte sea algo muy relevante y desayunar mañana por la mañana, en cambio, sea algo de relativa importancia. La muerte en este mundo existe porque así lo cree la mayoría. Y esta mayoría piensa así porque en algún punto de tu mente compartes esta idea con ellos. Por esta razón la salvación de este mundo ante la muerte, o cualquier idea opuesta a lo eterno o al amor, depende única y exclusivamente de ti.

Ayudar o acompañar a alguien en su proceso de muerte adquiere ahora una nueva perspectiva. Ya no se trata únicamente de acompañar a la persona que se enfrenta a su muerte física a cruzar de la mejor forma posible su propia idea de lo que la muerte significa. Se trata ahora de acompañar a esta persona a aquel lugar de su mente donde puede ver la muerte de frente, en lugar de ver sus miedos a la muerte. Se trata de acompañar a esta persona al punto donde ella misma pueda ver que la muerte no es más que una idea compartida en este mundo, pero que en realidad no tiene más sentido que el de cualquier otro acontecimiento que pueda ocurrir dentro del tiempo.

Jesús fue la gran demostración física de que la muerte no existe.

Yo soy tu resurrección y tu vida, y el que cree
en mí vivirá eternamente.

JUAN 11-25:26

Llegado a este punto, *Un Curso de Milagros* puede definirse como la forma en que tu mente es capaz de aceptar la demostración de que la muerte no existe. Es la forma en la que la demostración que Jesús hizo, hace más de dos mil años, nos llega en la actualidad. Esta vez, para que puedas aceptarla en ti mismo.

Este curso te ofrece, de nuevo, la posibilidad de aceptar de una forma suficientemente aceptable para una mente que es esclava de la muerte que la muerte no existe y que, por lo tanto, eres libre. Es un intento de poner el concepto de quién eres allí donde le pertenece estar, dentro de la mente eterna que te creó. Para que este intento pase a ser un hecho en tu propia mente, lo único que se requiere es tu disposición a que así sea. No necesitas morir para demostrar que la muerte no existe. Solo se requiere de tu disposición a ser usado como ejemplo para tu propia mente. Usado como una demostración ante ti mismo de lo inevitable dentro de un mundo real, donde el amor y la eternidad son sus leyes. Para ello cualquier situación es válida, porque en cualquier situación, de alguna manera u otra, más o menos camuflado, existe el miedo a la muerte.

No haces esto para demostrar ninguna proeza. Tampoco para oponerte o evitar a la muerte, la cual es presentada por este mundo como hecho inevitable, sino para poder ser liberado de la esclavitud autoimpuesta frente a esta idea llamada «muerte». Esto es algo completamente individual y necesario, pues es algo a lo que todos, tarde o temprano, seremos llamados a experimentar. Podemos demostrar cuantas veces queramos que la muerte es algo real, pero la verdad alboreará inevitablemente en nuestras mentes, pues es allí donde fue puesta. Pronto despertarás de forma irremediable ante la realidad de tu Ser y verás que estás regido por la leyes de Dios y no por las leyes de un mundo cambiante y temporal donde todo lo que nace lo hace para morir.

Este verano pasado fui con mi familia a pasar las vacaciones a Lanzarote. Una de las noches vi cómo una luz blanca me rodeaba e inundaba por completo el lugar en el que me encontraba. De repente, vi a alguien muy contento que se acerbaba volando muy rápido hacia mí haciendo zetas. Era mi vecino. Se veía espléndido, sonriente, completamente feliz. Se paró delante de mí y me dijo: «¡Mira, mira, soy libre, soy libre! ¡Ya no estoy atado a mi cuerpo!». En ese momento vi que, ciertamente, se había liberado de su experiencia física, pero que seguía atado a la idea que él tenía de sí mismo. Seguidamente me sentí empujado a decirle: «Cierto, no eras tu cuerpo, no eras esa cáscara de nuez, pero ¿sabes una cosa? Tampoco eres esto. Tú eres todo». Entonces su rostro dejó de sonreír, reflexionó unos segundos y explotó en luz fundiéndose completamente con esa luz que nos rodeaba. Pocos días después de regresar de vacaciones, nos encontramos a nuestra vecina completamente devastada. «¿Qué te pasa?», le preguntamos. «Mi marido ha muerto», respondió.

Todos los corazones palpitantes se encuentran
tranquilos y llenos de gran expectación porque la
hora de lo eterno está por llegar.
La muerte no existe. El Hijo de Dios es libre.
Y en su libertad radica el fin del miedo.

M. 28, 4.1.

NADIE PUEDE HACERLO
POR TI

El mundo que veo da testimonio de la naturaleza
temerosa de la imagen de mí mismo
que he fabricado.
Si debo recordar quién soy, es esencial
que deje ir esta imagen de mí mismo.

LECC. 56 2.3

Un salto de fe

El puente entre ese mundo y este es tan corto
y tan fácil de cruzar, que nunca te hubieses podido
imaginar que fuese el punto de encuentro
de mundos tan dispares.
Mas este corto puente es la cosa más poderosa
conectada a este mundo. Este ínfimo paso, tan
pequeño que ni siquiera has reparado en él, es un
salto que te lleva a través del tiempo hasta la
eternidad, y te conduce más allá de toda fealdad
hacia una belleza que te subyugará y que nunca
cesará de maravillarte con su perfección.

CAP. 1-II 2.4

Ya has leído suficiente como para llegar delante del precipicio. Todos estos conceptos están demasiado alejados del mundo que ves en tu experiencia cotidiana. Es literalmente imposible que puedas llegar a entenderlos. Una mente conceptual no puede jamás alcanzar lo que aquí se te ofrece. Es el momento de soltar todas tus ideas y aventurarte a este nuevo espacio en tu mente que parece que olvidaste. Desde el punto en el que te encuentras, no solo parece una locura, sino también un suicidio. Esta es la razón por la que apelo ahora a tu fe.

Si no estás dispuesto a dar ese salto dentro de tu propia mente, nada ni nadie podrá ayudarte a conseguirlo. Lo que significa dar este salto no puedes entenderlo desde donde te encuentras. Tu sistema de pensamiento basado en la comprensión de las situaciones y en la búsqueda de la seguridad antes de dar un paso ahora ya no nos sirve. Necesitas en tu mente un pensamiento completamente nuevo. Y debido a que es completamente nuevo no hay forma de concebirlo con tu forma de pensar actual. Ya no estamos cambiando tu forma de pensar, sino que estamos a punto de saltar a otra que incluye la actual, pero que no tiene nada que ver en absoluto. *Un Curso de Milagros* es el puente entre esas dos formas de pensar. A pesar de las facilidades que se te dan, desde la mente conceptual un solo paso en el puente se vive como un gran salto al abismo de lo desconocido.

Para aquellos en quienes el sistema de pensamiento de *Un Curso de Milagros* está ya lo suficientemente maduro, este salto de fe es su forma de respirar en este mundo. Debido a su madurez, reconocen absolutamente su incapacidad de ver, oír o saber nada en este lugar. Saben muy bien que están completamente ciegos ante lo que ven. Cada situación es un salto al abismo de lo desconocido, sabiendo solo que todo lo que perciben es irreal y que en eso radica su seguridad. Ponen en tela de juicio sus propias percepciones y se aventuran a ir más allá de ellas en cada situación en la que se encuentran. No hacen nada. Simplemente son.

> *La fe es la confianza que el maestro de Dios tiene*
> *de que la Palabra de Dios ha de resolver todas*
> *las cosas perfectamente.*
> *No solo algunas, sino todas.*
>
> Manual maestro 4-IX 1.4

Someter todos los problemas a una sola Respuesta
es invertir completamente la manera de pensar
del mundo.
Y solo eso es fe.

MANUAL MAESTRO 4-IX 1.6

Mira esta situación en la que te encuentras. Es imposible que falte o sobre algo en ella. Esta situación, tú incluido, es el resultado de una decisión que estás tomando en tu mente ahora mismo. Si no te gusta, ríndete ante ella. No toques nada. No trates de evitar o cambiar nada. Simplemente únete a ella y deja que Dios la piense por ti. Entonces empezarás a ver que más allá de lo que tú percibes ahora está todo lo que en realidad has estado buscando durante toda tu vida.

Para un ser humano, ser maduro significa saber cómo manejar las situaciones en las que se encuentra. Para una mente madura, significa haber aprendido a no dejarse llevar por la aparente realidad de las situaciones. Esta mente simplemente deja que ocurran, sin tocar nada, esperando con absoluta certeza la visión real de lo que está ocurriendo. Nada más y nada menos.

Que todas las cosas sean exactamente como son. [...]
Fui creado en el amor y en el amor he de morar
para siempre. ¿Qué podría asustarme si dejo
que todas las cosas sean exactamente como son?

LECC. 268

A medida que nuestra fe es el motor de nuestra vida, el milagro empieza a sustituir los resultados de nuestras acciones. Cuando uno deja de actuar basándose en la sabiduría acumulada por la recolección de experiencias e ideas dentro de este mundo ilusorio, y lo empieza a hacer apoyándose en la fe, el milagro es el resultado. Una nueva realidad entra de repente en cada situación de la que participas. Al cancelar un resultado propio del mundo, ofreces ese hueco en el tiempo a algo llamado «milagro», que vulnera completamente las leyes de lo conocido.

Cada vez que dejas de responder de forma consecuente con lo que ves o conforme has aprendido en el pasado, algo completamente nuevo puede ocurrir. Si te detienes un momento conmigo y miramos juntos a dónde nos ha llevado nuestra forma de pensar en este mundo, verás, si lo miras de frente y con honestidad, que a ningún lado.

Actualmente somos unos siete mil millones de personas en el planeta. Llevamos miles de años pensando en cómo solucionar el conflicto que la humanidad le causa a la humanidad y el resultado es que seguimos en el mismo lugar. Para muchos, la forma de pensar del mundo está justificada por los grandes avances tecnológicos y científicos, como el descubrimiento de una nueva estrella en el firmamento. Pero si lo miras bien, verás que justo en tu barrio hay alguien mendigando. Nuestra forma de pensar anula literalmente la vida, pero por ser la única que conocemos no estamos dispuestos a soltarla. Nos da miedo dar el salto. Con nuestra forma de pensar hemos encerrado nuestra mente dentro de un sueño de sufrimiento. ¿No parece algo insensato seguir atrapados en esta situación? ¿No parece algo totalmente loco defender una forma de pensar que sostiene un mundo como el que vemos en las noticias? Aun así, seguimos sin querer cambiar por miedo a lo desconocido. El refrán «Más vale malo conocido que bueno por conocer» se convierte, así, en el lema de la humanidad. ¿No tiene más sentido dejar lo malo conocido y saltar hacia lo bueno por conocer? ¿De qué nos sirve la seguridad de un mundo conocido que es completamente inseguro?

En este mundo todos queremos ser felices, ser amados y tener paz absoluta. Pero ni la felicidad, ni la paz, ni el amor absolutos existen en este mundo, tal como lo percibimos. Para poder conocerlos debemos salir de nuestro campo de percepción e ir al de la mente que sabe que lo único que existe es el amor, la paz y la felicidad absolutas. La verdad absoluta yace justamente al otro lado de nuestra conciencia humana. Desde este punto, parece que para alcanzarla se deba dar un gran salto a ciegas. Desde el otro lado se ve claramente que nunca existió ese salto, pues ese mundo se percibe ahora como una simple ilusión. Y se percibe ahora como un cambio de impresión de lo que creíamos ser por lo que somos y de donde creíamos estar por donde estamos.

Ahora es el momento de dar ese gran paso. Es el momento de despertar. Solo tus propios pensamientos pueden evitarlo y eso es tu salvación. Ahora puedes dejar de pensar de una forma que te aleja de lo que en realidad andas buscando desde que tienes uso de razón: ser amado o amada. Ambas formas de pensar te llevarán al amor, pues el amor es lo único que existe, pero una exige mucho tiempo y la otra lo acorta de una forma inconcebible para ti.

Salta conmigo. No tienes nada que perder y todo que ganar. No existe ningún movimiento hacia la verdad que esta no deje de asistir completamente. Si aún crees que hay algo de valor a este lado del puente, quédate un poquito más y mira de nuevo. Pronto se te mostrará claramente. Cruzarás tarde o temprano, pues ya estás en el otro lado.

En el fondo, la inmensa mayoría de los hombres
son como prisioneros con todas las puertas
y todas las ventanas cerradas.
Así que se asfixian (lo que es bastante natural),
pero tienen con ellos la llave que abre las puertas
y las ventanas, solo que no la usan...
Y tienen miedo.
Tienen miedo de perderse. Quieren permanecer
siendo lo que ellos llaman «ellos mismos».
Aman su mentira y su esclavitud.
Algo en ellos lo ama y se aferra a ello.
Les da la impresión de que, sin sus límites,
dejarían de existir.
Es por eso por lo que el trayecto es tan largo,
por lo que es difícil.

Madre Aurobindo. La Especie Nueva i

Acepta tu responsabilidad

Tienes una gran responsabilidad contigo mismo,
y es una responsabilidad que tienes que aprender
a recordar en todo momento.
Al principio, la lección tal vez te parezca difícil,
pero aprenderás a amarla cuando te des cuenta
de que es verdad y de que no es más que un tributo
a tu poder.

CAP. 15-III 3.1

Esta es la idea básica sobre la que gira todo entrenamiento mental que tenga como propósito la conexión con tu mente íntegra o iluminada. Este es el punto de partida de tu transformación y la única forma de pensar, a partir de la cual, el perdón, que es la única acción con sentido para una mente que quiere sanar, puede realizarse.

Todo lo que ocurre en este mundo, todo lo que vemos en nuestras vidas, parece ocurrir a pesar nuestro. Parece que no tenemos ninguna responsabilidad, excepto de aquello en lo que interviene nuestro cuerpo. Nuestra vida, tal como la vivimos actualmente, está enfocada en no aceptar la responsabilidad de lo que sucede a nuestro alrededor. Cuando miramos el desastre que este mundo nos presenta, simultáneamente buscamos quiénes son los responsables de tal desastre. Buscamos culpables de lo que vemos en el mundo para poder hacerles responsables a ellos. De esta forma mantenemos nuestra responsabilidad fuera de nosotros y perdemos todo poder de generar un cambio real en nuestras vidas. Es por esta razón que de poco sirve dedicarse a resolver el problema del medio ambiente «que otros están causando».

Cualquier cambio que se pueda ejercer en el mundo de la materia a través de esta va a ser lento y muy limitado. Ni mil mentes que hayan entregado sus vidas al servicio de la educación para mostrar la necesidad de respetar el medio ambiente pueden ejercer un cambio real ante esta situación si antes no se dan cuenta de que lo que ven fuera de sí mismas es un reflejo de sus propias mentes. Mientras exista un «otro» ahí fuera, la corrección que ejerces es insignificante porque la estarás generando desde el conflicto. Conflicto y solución nunca se encuentran porque tú crees ser la solución y que el otro que está ahí fuera es el conflicto. De esta manera no hay forma humana de encuentro. En cambio, cuando reconoces que el conflicto y la solución están en tu propia mente, te conviertes en el lugar donde ocurre este encuentro. En ese momento te conviertes en la solución a este mundo y todos aquellos que están dispuestos a tomar esa misma elección se unen a ti, más allá de toda limitación física. Es una cuestión de resonancia. Si resueno con la frecuencia del conflicto, por mucho que trate de solucionarlo, estaré extendiendo conflicto y necesitaré a alguien que represente el papel de «malo» para yo poder desempeñar el de «bueno». Y, mientras exista ese malo, el conflicto seguirá existiendo. Mientras siga en la frecuencia del conflicto, lo único que podré ver es conflicto, culpables y soluciones que lo maquillen o minimicen, pero nunca veré la Solución. Mientras no cambie mi mente respecto a lo que veo, aquello que veo no cambiará, ya que lo que veo tiene su origen en mi mente y solo en ella.

Liberar al mundo de toda clase de dolor no es otra cosa que cambiar de mentalidad con respecto a ti mismo.

LECC. 132 10.2

Tu ego va a tratar de disuadir tu intento de toma de responsabilidad diciéndote que tomar la responsabilidad significa que tú eres el culpable de aquello de lo que debes hacerte responsable, y para ello va a insistir en que veas cuán culpables son los demás o la situación externa a ti. El ego no es capaz de reconocer que hacerse responsable de una situación en la que se ve envuelto no significa ser culpable, sino abrir la puerta a la solución. Para poder aportar una solución real, esta debe venir de fuera del conflicto y, para verla, debes estar en una frecuencia mental por encima de este. El curso lo llama «por encima del campo de batalla» (cap. 23, IV). Tomar la responsabilidad completa del problema significa estar por encima del conflicto y desear a toda costa ver lo que hay ahí en realidad. Esto te sitúa en un estado mental completamente distinto. Es otra modalidad de pensamiento que te permitirá una sanación completa de cualquier cosa que percibas. En lugar de culpar al otro, tomar la responsabilidad se convierte en la apertura de tu mente a la solución íntegra al conflicto que tú ves ahí fuera. Esto no significa que no hagas ningún gesto, como, por ejemplo, ayudar a los desamparados. Significa que si vas a hacer algo, lo hagas de forma real. Ofréceles la conciencia de que no existe la condición en la que creen encontrarse y que existe una alternativa contenida dentro de la misma situación o conflicto. Muéstrales que son libres de salir de ese estado. Que la situación no tiene poder real sobre ellos. Que ellos no son producto de las circunstancias, sino que las circunstancias son resultado de su forma de pensar y ver el mundo. Luego, la forma en la que tu ayuda se muestre será perfecta, fácil y fluida. No hay que hacer nada. Acepta la responsabilidad de todo cuanto acontece a tu alrededor y estarás asumiendo tu poder y permitiendo que la ayuda real llegue a través de ti.

Cuando vas a ayudar a alguien creyendo que necesita tu ayuda, como en el caso de las víctimas de guerras creadas por intereses económicos, te encontrarás con todos los obstáculos que ese pensamiento implica. Toda la injusticia que percibes en la situación de los que tú pretendes ayudar estará allí para obstaculizar tu ayuda. ¿Y quién es el que piensa de esa manera? ¿Quién es el que está viendo una necesidad de ayuda? ¿Quién tiene esas ideas en su mente? Si quieres ayudar debes ser plenamente consciente de que el único que ve esa necesidad de ayuda eres tú. Date cuenta de que tú eres el único que necesita ver las cosas de otra manera y ofrece luego esa experiencia a aquellos que aún creen que su sufrimiento es real. Permite que se te libere a ti de tus pensamientos de muerte, conflicto y guerra, para que otros puedan salir de ellos junto contigo. Todos te están esperando a ti.

Lo que veo da testimonio de lo que pienso.
Si no pensara no existiría,
porque la vida es pensamiento.
Permíteme mirar al mundo que veo como
la representación de mi propio estado mental.
Sé que mi estado mental puede cambiar.
Por lo tanto, también sé que el mundo
que veo también puede cambiar.

LECC. 54 2.1

Por fin, la física cuántica está apoyando esto. Autores como Amit Goswami afirman que todo cuanto te rodea no es más que un movimiento posible de la conciencia. Dicho de otra forma, lo que ves no es más que una decisión de las muchas que podías haber tomado. Actualmente ya se empieza a aceptar que el observador es el que crea aquello que observa, y las mentes actuales están suficientemente abiertas como para aceptar que el hecho de no ser conscientes de ello no indica que esto no sea así.

Es imposible que el Hijo de Dios pueda ser
controlado por sucesos externos a él. Es imposible
que él mismo no haya elegido las cosas que le
suceden. Su poder de decisión es lo que determina
cada situación en la que parece encontrarse,
ya sea por casualidad o por coincidencia.
Y ni las coincidencias ni las casualidades
son posibles en el universo tal como Dios lo creó,
y fuera del cual no existe nada.

CAP. 21-II 3.1

Permíteme usar este libro como ejemplo. Si yo pienso que estoy escribiendo esto para que tú lo leas y pueda ayudarte a cambiar tu conciencia para así experimentarte como un único ser junto con todo, estaré negando tu realidad y la mía, pues ya somos un único ser antes de que leas esto. En otras palabras, la experiencia que este texto tiene como objetivo ofrecerte ya existe en ti, ya está ocurriendo ahora, pues es lo que tú eres. Este libro no busca generar un cambio, sino invitarte al reconocimiento de lo que ya eres en realidad. Esto no se escribe para que corrijas nada en el mundo, sino para que veas más allá de lo que ahora ves. Para que puedas ver que este mundo es una ilusión. Para que puedas ver que el error que ves en este mundo no existe. Ya no perdemos tiempo en el error, sino que simplemente pasamos a través de él hacia la solución, que es donde resides en realidad.

Por un instante, comparto contigo tus creencias para que juntos veamos cuánto poder les hemos dado y qué es lo que están generando a nuestro alrededor. Empleado el ejemplo de la guerra, una vez que has salido de tus ideas sobre el conflicto y lo ves tal cual es en realidad, entonces puedes ir a aquellos que siguen creyendo en el conflicto y en guerras, y ofrecerles una oportunidad real. De hecho, son ellos los que vienen a ti en busca de esa alternativa. No tienes por qué hacer nada. Todo está perfectamente orquestado por la alternativa al sufrimiento para que esta se despliegue por sí misma, y eso te incluye a ti. Tú te conviertes en la forma que adquiere este despliegue. Allá donde tú vas, la solución llega a ese lugar por el simple hecho de tú estar ahí.

En este mundo todo parece ser la causa de cómo te sientes. Desde este marco de referencia, la libertad es imposible. El concepto «libertad» queda relegado a la acción de una mente limitada por el espacio y el tiempo, que actúa individualmente dentro de este marco de limitación. Se necesitan mentes lo suficientemente maduras, que empiecen a tomar la responsabilidad completa de sí mismas. Mentes que sean conscientes de que ellas son responsables de lo que ven y sienten, y también de la respuesta que ofrecen a tal percepción. La experiencia de ser uno la causa de todo lo que ve llega de forma espontánea y no es necesaria para que puedas empezar a responsabilizarte de ti mismo. Como hemos dicho ya, para el ego ser responsable significa ser culpable; para tu Ser, es la puerta de salida de la prisión mental autoimpuesta. Ahora puedes decidir empezar a tomar la responsabilidad de tu mundo y *Un Curso de Milagros* es la herramienta que te lleva a la consistencia en la práctica del acto de aceptar tu responsabilidad, ya que pretende invertir tu sistema de pensamiento para que puedas experimentar que lo que ves no es lo que te causa nada, sino que tú eres la causa de lo que ves. Esto implica una relación muy íntima y personal con tu mente. Es una actividad individual que ocurre en ti y que fulmina la acción del ego. Por eso nadie va a aplaudirte por aceptar la responsabilidad de este mundo.

El ego funciona proyectando la responsabilidad hacia fuera, y, cuando esta regresa hacia él, la niega y se opone a ella. Para tomar la responsabilidad debes dejar de escuchar las ideas que él tiene sobre lo que percibes y estar dispuesto a ir más allá del resultado que su actividad te ha brindado durante toda esta aparente vida. Al principio, puede que emerjan en tu mente pensamientos tales como: «Es muy difícil» o «Requiere un gran esfuerzo» o «Si no lo hace nadie más, ¿por qué voy a hacerlo yo?», o preguntas como: «¿También soy responsable de los violadores y los asesinos?». Todos son intentos desesperados de tu antigua conciencia para que no aceptes tu responsabilidad, pero, una vez que empiezas a experimentar el resultado de un instante de absoluta toma de responsabilidad como única salida a cualquier conflicto, todo se facilita. Mientras sigas dando valor a lo que piensa el ego, seguirás viendo más y más razones por las que no debes tomar la responsabilidad de la situación en la que te encuentras. Pero no olvides que ves lo que piensas.

Imagina por un momento que estás viendo una película. Una película tan real, que sin darte cuenta te identificas completamente con el personaje principal. Imagina que te identificas tanto que te fundes con él y olvidas que estás viendo una película. En ese instante, empiezas a sentir lo mismo que el protagonista: lloras, vives su dolor, sientes su felicidad…; hasta que llega un momento de la película en el que el protagonista consigue un libro en el que se le dice que eso es una película y que él no es el personaje que cree ser; que ni siquiera es el que lee el libro. En ese momento, tú tienes la gran oportunidad de volver a acceder a tu conciencia como observador de la película. Tienes la posibilidad de vivir de nuevo la naturaleza ilusoria de todo cuanto vives y dejar, por lo tanto, de reaccionar tal y como lo hacías mientras creías ser ese personaje. En otras palabras, puedes recuperar el poder de elegir cómo reaccionar ante la película. Te conviertes en un personaje que ha recuperado su identidad como guionista. Recuerdas que tú no eres ese personaje, víctima de lo que le ocurre, sino que eres el responsable de lo que ves y de tus reacciones a lo que ves. En ese momento no solo puedes empezar a vivir una película feliz, sino que también puedes dejar de ser un personaje. Esto es lo que *Un Curso de Milagros* pretende. No pretende únicamente que alcances lo que en el mismo curso se llama «un sueño feliz», sino que finalmente despiertes del sueño. Esto ocurre al tomar la responsabilidad completa de tu película. Cuando digo «toda», quiero decir toda: personajes, escenas, escenario, todo.

Yo estuve mucho tiempo tratando de convencer a la gente de que practicara *Un Curso de Milagros.* No era consciente de que el único que debía practicarlo era yo. Yo era el único que veía los motivos por los cuales esa persona necesitaba hacer el curso y no era consciente de ello. Hasta que llegó un momento inevitable, en el que supe que si quería extender este curso debía extenderlo en mí y solo en mí. Yo soy el que ve gente ahí fuera con la necesidad de un cambio. Yo soy el que necesita practicar el curso. Es de esta forma como todo el escenario del que estoy tomando la responsabilidad se alinea para que esta actividad mental, de practicar el curso, tome forma si así se requiere. Esto es lo que es para mí *Un puente a la realidad*: una de las formas que está adquiriendo la extensión de *Un Curso de Milagros* en mi mente. Todo a mi alrededor se alinea para que se manifieste este libro en la forma adecuada.

Nadie puede decirte quién eres o qué debes hacer, pero sí se te puede sugerir que mires lo que estás sintiendo y, si no te hace feliz, entonces elige de nuevo. Toma otra decisión. Aceptar la responsabilidad significa que no eres la víctima del mundo que ves; significa que eres libre. Tú has creado lo que ves y has elegido los pensamientos y sentimientos que estás sintiendo respecto a lo que creaste. Y esto significa que, aunque lo hayas hecho desde una parte de tu mente de la que aún no eres consciente, tienes ante ti la oportunidad de cambiar el instante en el que te encuentras en este momento. No te conformes con menos que con tu felicidad absoluta. Es imposible que todo aquello que te ama no esté incluido en este instante. Mira de nuevo. Elige de nuevo.

Soy responsable de lo que veo.
Elijo los sentimientos que experimento
y decido el objetivo que quiero alcanzar.
Y todo lo que parece sucederme yo mismo
lo he pedido, y se me concede tal como lo pedí.

CAP. 21-II 2.3

Elige de nuevo

Mi resurrección se repite cada vez que conduzco
a un hermano sin contratiempo alguno allí donde
la jornada termina para ya no recordarse más.
Me siento renovado cada vez que un hermano
aprende que hay un camino que nos libera a todos
de la aflicción y del dolor.
Y renazco cada vez que un hermano se vuelve hacia
la luz que mora en él y me busca.
No me he olvidado de nadie. Ayúdame ahora a
conducirte de regreso allí donde la jornada empezó
para que puedas llevar a cabo otra elección conmigo.

Introducción al 5. Repaso 7.1

Elegir de nuevo es todo lo que viniste a hacer cuando llegaste a este mundo. La mente es una máquina de tomar decisiones y todo lo que experimentas es resultado de esas elecciones. En esto radica tu necesidad de ser consciente de qué es lo que estás eligiendo en cada instante. Para saber lo que eliges, solo tienes que mirar cómo te sientes o qué es lo que ocurre a tu alrededor. Eso es el resultado de la elección que estás tomando en ese instante.

De hecho, este mundo, tal como lo conoces, es el resultado de una elección que estás tomando en este mismo momento. Y mi intención no es más que invitarte a tomar otra elección, junto conmigo, distinta a la que da como resultado este lugar de sufrimiento. El milagro de este libro reside en que tu decisión de crear este mundo de separación y la invitación a que pares de decidirlo se encuentran ante ti en este instante. Yo ya he recordado que el sufrimiento es lo que estoy eligiendo ahora; por eso solo me queda una elección válida. Elegir la sanación de mi mente. La mente que ha creado este mundo de dolor y muerte. Lo recordé de la siguiente manera.

Yo ejercía de fisioterapeuta. Un día estaba trabajando en el hombro de un paciente que no mejoraba. Yo quería curar a esa persona y, por más que lo deseaba, nada ocurría. Estaba contemplando esa situación imposible, mientras sentía mucha frustración e impotencia y, de repente, todo ese escenario desapareció y me encontré en medio del universo. Es como si hubiera sido transportado de golpe a ese lugar donde todo era quietud y paz. Me sentía pleno y muy feliz, y me puse a disfrutar de la experiencia en la que me encontraba cuando, justo en ese momento, una pregunta apareció en mi mente: «¿Y si...?». En ese mismo instante, todo este mundo apareció ante mi mirada y me encontré de nuevo ante ese hombro que no mejoraba. No había tenido tiempo de acabar mentalmente la pregunta y ya estaba experimentando la respuesta. Solo con la intención, tomó forma. La pregunta «¿Y si experimento algo distinto a la Totalidad?» había dado forma a un lugar en el que la Totalidad no existía. Era un lugar al que acababa de llegar y parecía que llevaba toda mi vida allí. Entonces me di cuenta de que la única forma de mantener una situación falsa como esa era olvidando que era resultado de mi propia elección y creer que ya existía previamente a través de mi nacimiento en este mundo. Descubrí que estaba usando el tiempo para mantenerme en él, para mantenerme fuera de la eternidad. Aquí, pasado y futuro parecían ser reales e incuestionables, y me mantenían fuera de la memoria de que fui yo quien eligió esta experiencia a la que llamamos «vida humana». Jesús lo expresa así en el curso:

Tal vez pienses que no fuiste tú quien construyó este mundo, sino que viniste en contra de tu voluntad a lo que ya estaba hecho, un mundo que no estaba precisamente esperando a que tus pensamientos le confirieran significado. Pero la verdad es que encontraste exactamente lo que andabas buscando cuando viniste.

LECC. 132 4.4, PÁG. 257

Cada situación en la que me veo a mí mismo es producto de una elección previa que yo he tomado. No importa si soy consciente de ella o no. Eso no disminuye mi capacidad para tomar la responsabilidad de lo que percibo, pues eso también es una elección. En un mundo donde experimento el efecto de mis pensamientos separados de mi Creador, quiero elegir a mi Creador a cada instante, en lugar de lo que yo mismo he creado. Elijo experimentar la realidad de mi Ser y todo lo que eso implica. Desde el lugar donde no experimento la voluntad de mi Creador sino la mía propia, separada de la suya, lo único que deseo es unirme a la Suya. La única forma que he encontrado para poder hacer esto sin sentir el sacrificio de estar abandonando algo que parece ser real es rindiéndome o sometiéndome activamente a cada instante a Su voluntad, en lugar de tratar de justificar o defender la mía.

La voluntad de Dios es la única Voluntad.
Cuando hayas reconocido esto habrás reconocido
que tu voluntad es la Suya.

LECC. 74 1.2, PÁG. 139

La voluntad de Dios para mí es perfecta felicidad.

LECC. 101

Así es como descubrí que rendirse a Su voluntad no era más que dejar de dar valor a mi voluntad de experimentar algo distinto a la felicidad o el amor. Para el ego, esta elección se vive como una renuncia o como el hecho de sucumbir a una voluntad superior. ¡Para nada es así! El ego experimenta esto porque percibe otra cosa aparte de la voluntad del Creador. Él se lo plantea como una opción posible y esto es lo que le da vida y le sustenta.

Solo quienes están cansados de sufrir pueden renunciar al sufrimiento y unirse a la voluntad de su Creador. Todo lo que Él dispone es que seas feliz allí donde te encuentres. Su felicidad es sin opuestos. Nada en este mundo puede comparársele. Crees que cualquier evento en este mundo puede sacarte de ese estado de felicidad que Dios te ofrece y es muy probable que así sea, debido a que tú crees que eso es posible, pero aun así siempre tendrás ese mismo instante en el que te encuentras para elegir de nuevo. Solo tienes que detenerte allí donde estés. Elige ser feliz. Decide no elegir más por tu cuenta.

Deja que Él decida por ti a cada momento. No te imaginas lo que eso significa. Su elección nunca tiene nada que ver con el escenario en el que te encuentras eligiendo. Por eso, Él siempre decide que seas eternamente feliz.

Cuanto más practicas esto, más y más claramente ves la diferencia entre tus elecciones y las que tu Creador toma. Cada vez sientes con más intensidad el dolor y el sufrimiento de tus propias elecciones y la dicha y la felicidad de su amor, cuando lo que eliges es que elija Él. Su voluntad es que seas quien eres en realidad; tal cual Él te creó. Nada más. Nada menos. Más implica sufrimiento. Menos, también. No se puede añadir ni quitar nada a la perfección. Y, eso es lo que un ser humano trata de hacer cuando toma sus propias elecciones. Cree que lo que Dios ha decidido es poco o demasiado para él.

Cuando te das cuenta de que la única elección verdadera es la Suya, dejas gustosamente las tuyas. Sabes que con eso no renuncias a nada, pues esas elecciones separadas de las Suyas no son reales. No existe nada aparte del amor a no ser que tú elijas que esa otra cosa exista. Solo se puede imaginar o soñar que existe algo más aparte de Todo. Y cuando reconoces la naturaleza ilusoria de tus elecciones, juicios y opiniones, simplemente las dejas aparte; más aún cuando esa elección implica soledad, sufrimiento, muerte y enfermedad.

Recuerdo una escena de la película *Matrix* en la que Neo conoce a Morfeo. Este le ofrece a Neo la posibilidad de despertar a su realidad o de olvidar ese encuentro y seguir su vida tal como había sido hasta aquel momento. Morfeo le ofrece dos píldoras: una roja que le despertará y otra azul que le hará volver a su vida actual. Morfeo sabe perfectamente quién es Neo. Sabe que va a convertirse en el salvador del mundo. Para él, es insignificante esa elección porque sabe que finalmente Neo va a ser lo que él es, pero también sabe que Neo no lo sabe y que él necesita hacer esa elección. Neo no recuerda quién es; está completamente dormido, atado a su propio sueño, soñándose con una identidad que no es real. Por eso, esa situación se manifiesta de esa forma. El ego necesita elegir porque él es el producto de una elección. Una mente despierta sabe que no elige nada en realidad. Sabe que la única elección posible es su realidad y que en ese reconocimiento yace su libertad.

Cuando empiezas a elegir otra cosa distinta a lo que siempre has elegido, puede que pienses que estás renunciando a algo. Puede que creas que con esa elección pierdes algo, porque crees que elegir implica la existencia de más de una cosa entre las que elegir y que, al elegir una, pierdes las otras. Ante este punto muchos hemos sentido que perdíamos nuestra vida y nuestra libertad; por eso regresamos al punto donde tomamos esa elección para decirnos que no hay sacrificio alguno. Y que la píldora azul que Morfeo ofrecía a Neo es solo una ilusión.

Debes descubrir que al elegir otra cosa distinta a las que has elegido hasta ahora, no estás renunciando por ello a nada en realidad. Debes ver el valor que le das a tus propios pensamientos, ya que es solo a través de ellos que puedes experimentar sufrimiento y sacrificio. El valor que le das a tus propios pensamientos es tal, que no te das cuenta de lo insignificantes y dolorosos que son para ti. De ahí la importancia de este momento en el que puedes elegir de nuevo.

No necesitas conocer el resultado de tu nueva elección para poder tomarla, ni siquiera necesitas conocer a favor de qué vas a decidir a partir de ahora. Lo único que se te pide es tu voluntad de decidir por algo completamente distinto a lo que has vivido hasta ahora. El resto viene dado en una forma que puedas aceptar y comprender. Para mí tomó la forma de *Un Curso de Milagros* y este se extiende más allá de donde me encuentro, ayudándome a tomar la responsabilidad de lo que veo para poder elegir algo totalmente distinto a este aparente mundo de sufrimiento. Elegir a Dios es una opción que el ego no contempla porque cree que Dios es algo externo a él. Cree que, al elegir a Dios, perderá el control de su vida. Cree que sin su acción de observar, analizar y actuar, va a estar a merced de un mundo que necesita ser dirigido y controlado por él. El ego no puede tener fe en Dios, pues él es la ausencia de fe en Dios.

Tú sabes que lo que la Voluntad de tu Creador
dispone es posible, pero aquello que tú inventaste
no lo cree.
Ahora tienes que elegir entre ti y lo que
es solo una ilusión de ti.
No ambas cosas, sino una sola.
No tiene objeto intentar eludir esta decisión.
Hay que tomarla.
La fe y la creencia pueden inclinarse hacia
cualquiera de esas dos opciones, pero la razón te dice

que el sufrimiento se encuentra únicamente
en una de ellas y la dicha, en la otra.

Elegir de nuevo significa abrir una puerta para que la mente con la que piensas sea totalmente restaurada. Para que la frecuencia de tu sistema de pensamiento, que implica polaridad y separación, alcance otra frecuencia, donde tales cosas no sean perceptibles. Hasta que llegues al punto donde lo único válido que percibas ante tu mirada sea la luz de Aquel que te creó y puedas elegir fundirte de nuevo en Él. Mientras ese evento alcanza tu conciencia, la atención y la aceptación serán tus aliadas. Esto es para mí ahora muy importante en mi mente para no distraerme.

Todo cuanto requiere este «proceso» es estar atento a tu Ser. Nada más simple y nada más difícil para una mente que ha estado generando distracción en sí misma con el fin de experimentar lo que no es verdad. Dentro de nuestra conciencia, existen solo dos acciones mentales que puedas elegir: una es seguir viendo el mundo que ves; la otra, ver el mundo real. La primera requiere de tu distracción; es decir, de nada, pues el mundo que ves ya es la distracción. La segunda, en cambio, requiere atención firme, total y constante hacia el propósito de salir del mundo de la distracción. Requiere, pues, una acción completa e intransigente de tu intención. Necesitarás toda tu atención para recordar que miras a tu distracción. El ejemplo que se me ocurre es el de desear ser rubio en un mundo donde no deseas ser rubio. Parece difícil, ¿verdad? Así que vivo en el mundo donde no quiero ser yo, teniendo el deseo de ser yo. Por eso si este deseo de ser yo no es constante, no sirve; solo tendré pequeñas experiencias que no reconoceré totalmente por mi deseo de distraerme al instante siguiente.

Tan solo el Espíritu Santo, este campo de conciencia que une la mente de tu Creador con la tuya, sabe de qué hablo; tú no puedes tratar de estar atento solo por tu cuenta. Yo no sé lo que significa «atención» porque soy la manifestación de la distracción. Es, por lo tanto, necesario que entregue todo pensamiento acerca de mí y de lo que soy a este campo de conciencia unificada, llamado Espíritu Santo, en todo momento. ¿Dije «en todo momento»? ¡Sí! Necesito reconocer que todo cuanto pienso proviene de mi distracción. Ya no me sirven mis pensamientos. A medida que aprenda a estar en la acción de entregar mis propias ideas, estaré aprendiendo a estar atento. Entregar mis pensamientos al Espíritu Santo es la acción de ir de mi mente a la Suya. Y su mente es la manifestación en la forma de la atención al propósito de ver el mundo que Dios creó como mi hogar. Resulta, pues, que aquel que parecía tan ajeno a mí, el Espíritu Santo, es mi mente atenta. Así que, estando en un mundo de distracción, no se trata de intentar estar atento, sino de dejar de distraerse. ¿Y cómo se logra esto? Entregando todo cuanto pienso a mi mente atenta, al Espíritu Santo. Fácil, ¿no? Una vez más no tengo que hacer nada; tan solo permitir que ocurra, y para ello se necesita tu voluntad de que así sea.

Puede parecer complicado si lo tomas como una serie de instrucciones; como cuando te enseñan a conducir. Imagínate que te explicase cómo entrar en un coche, cómo ponerlo en marcha y cómo conducirlo, paso a paso, sin que ni siquiera supieras que existen los coches. Imposible, ¿verdad? Lo único que requiere este caso son tus ganas de aprender y de ponerte dentro de un coche y empezar a practicar. Llega un momento en el que la mente lo integra como una acción normal en el pensamiento. Uno deja de pensar que antes de cambiar de marcha debe pisar el embrague; simplemente lo hace y ni tan siquiera se da cuenta. Solo vemos que el coche se mueve.

El siguiente aspecto importante para mí en esta acción de salir de este mundo de sufrimiento y poder percibir a Aquel que fue creado por el amor es la aceptación. En cada uno de tus pensamientos se halla tu salvación si es eso lo que eliges. En cada movimiento de tu mente está la acción natural de dejar tu mundo de tinieblas. Cada vez que tratamos de evitar pensamientos por los que sentimos miedo, tristeza o rabia, evitamos salir en realidad de la mecánica mental basada en esos pensamientos. Llegado este punto sabemos, o al menos empezamos a cuestionarnos, que lo que vemos fuera de nosotros son nuestros propios pensamientos y ellos son la causa de lo que sentimos. Lo que pensamos y sentimos nos señala en qué parte de nuestra mente estamos, para que podamos salir de ahí si así lo deseamos. Nuestros pensamientos y sentimientos tienen como función ser la puerta que tenemos que cruzar. Si no la aceptamos, no aceptamos el cambio de forma de pensar. Así que si lo que quiero es dejar de producir pensamientos de miedo, debo dejar de evitarlos. Solo con cruzar uno de ellos con total aceptación y confianza veré la dicha que se encuentra detrás de todos ellos.

Es a través de la aceptación que todo lo que siento, sea lo que sea, se convierte en mi aliado. Sé que si estoy feliz estoy alineado con la voluntad de mi Creador y sé que si siento miedo no lo estoy. Por lo tanto, el miedo, si no lo rechazo, si lo siento completamente, se convierte en un indicador que me avisa de que me he desalineado y de que necesito hacer una elección distinta a la que estoy haciendo dentro de mi mente en este instante. La aceptación es la base para poder despertar al amor; la base con la que poder aceptar la responsabilidad, aplicar el perdón y elegir de nuevo. Elige ser feliz y estarás eligiendo junto a tu Creador. Pronto descubrirás que elegir cualquier otra cosa es no elegir nada en realidad.

En toda dificultad, disgusto o confusión Cristo
te llama y te dice con ternura: «Hermano mío,
elige de nuevo».

Cap. 31-VIII 3.2

El deshacer

El milagro no hace nada.
Lo único que hace es deshacer.
Y, de este modo, cancela la interferencia
a lo que se ha hecho.
No añade nada, sino que simplemente elimina.
Y lo que elimina hace mucho que desapareció,
pero, puesto que se conserva en la memoria,
sus efectos parecen estar teniendo lugar ahora.

CAP. 28-I 1.1

Prepárate ahora para deshacer
lo que nunca tuvo lugar.

CAP. 18-V 1.1

El deshacer es el resultado inevitable de una mente humana que ha decidido experimentar lo que ella es en realidad. Es la consecuencia natural de dejar de defender lo que forjó por sí misma. Este es un momento de mucha intensidad; un instante donde lo único que se requiere es que te quedes quieto el tiempo suficiente, en ese aparente proceso, para que la ilusión se desvanezca en tu mente. En ese instante todo tu ruido mental cesa por un momento. Esto suele vivirse con angustia y miedo. Todo lo que creías ser empieza a desvanecerse ante tu mirada. Todo a lo que estabas acostumbrado de ti es deshecho. El concepto de ti mismo que está siendo deshecho está basado en el miedo y en el intento desesperado de permanecer eternamente. Es de ahí de donde parte el miedo a la muerte o a cualquier cosa que te presente algo completamente desconocido y distinto a lo que tú crees ser. Ante este escenario, la tendencia es huir. Por eso se te pide parar.

Debes saber que en este proceso no estás solo. En cada momento de deshacer está el resultado de esa acción acompañándote, porque su resultado es la intemporalidad. Por eso está contigo eternamente, incluso dentro del tiempo. No habrá un momento en el que la nada se apodere de ti. Es justo lo contrario. La nada es la manifestación de algo separado de lo único que existe y eso es el ser que tú creaste y con el que te identificaste.

Tienes todo el tiempo del mundo para llevar a cabo la corrección, mas cuando empieces a experimentar tu deshacer como lo que es en realidad no querrás perder ni un segundo más. Tú mismo empezarás a soltar con agrado y felicidad todo pensamiento que no forme parte de ti. Cada instante de duda y temor será restaurado por el amor que tu Creador siente por ti. Nada quedará por resolver. Este no es un proceso que se pueda hacer por partes. Cada vez que sueltas una idea de ti, estás soltando toda la ilusión de tu ser por completo. Sin embargo, lo percibes como un proceso debido a tu incapacidad de recibir el resultado completo en un solo instante. Esta es la razón por lo que es necesaria la ayuda de aquellos que ya han aceptado la necesidad de su deshacer y, a pesar de aparentar estar en el proceso, lo han contemplado como un solo acto en sus mentes. Es de esta manera como se acelera tu proceso.

Cada lección de *Un Curso de Milagros* tiene como objetivo ayudarte a recibir todo lo que el curso en sí mismo te ofrece. Debido a que está escrito por una mente que ha trascendido el estado mental en el que te encuentras, sabe que quizá necesites un instante más para ello, y es por esa razón que, aun sabiendo que con una sola lección te bastaría, el curso te ofrece 365: para que en cada día en el que te encuentres puedas darte de nuevo la oportunidad de aceptar por completo la verdad.

Tu deshacer es inevitable. Estás destinado a ser quien eres. Nada va a interponerse en ello eternamente, puesto que lo único que se interpone es el uso que tú le das al tiempo, y este terminará así como un día empezó. Por esta razón, todo lo que vaya a asistirte de forma correcta lo único que va a generar en ti es una aceleración. Todo cuanto te rodea, una vez tengas el firme propósito de recordar quién eres, va a tratar de anticiparte el resultado de tu deshacer. El milagro te permite reconocer que tú eres ya el resultado del deshacer, incluso aunque te encuentres en medio de este aparente proceso. Lo único que hace el milagro, llegado este punto, es mostrarte la irrealidad del tiempo, del espacio y, por lo tanto, de la idea de proceso. Te muestra que tú creaste lo que ahora está siendo deshecho y que esto ocurre por tu decisión de que así sea.

El yo que practica el curso no existe, pero no es consciente de ello. Es esta la razón por la que practico *Un Curso de Milagros.* El yo como observador no existe en ningún momento. Este es el motivo de la necesidad de atesorar las memorias del pasado. De esta forma, al recordar el pasado nos aseguramos de que existirá un futuro, y es de esta manera como el yo observador o ego se extiende en el tiempo y se retroalimenta para evitar desaparecer.

El efecto de *Un Curso de Milagros* sobre esta acción es demoledor. Este curso es un programa para tu deshacer. Está formulado para que desaprendas quien crees ser, permitiendo que quien eres en realidad emerja de nuevo en tu conciencia. Quien tú crees ser ocupa el lugar de quien eres y la acción de dar valor al pasado te asegura que todo lo falso que has creado de ti tenga una base, un origen, un inicio y una razón de ser.

Como he dicho anteriormente, es mucha la gente que empieza el curso para obtener un cambio en sí mismos. No buscan en realidad ser lo que Son, tal cual fueron creados, pues esto implica la desaparición del concepto que ellos tienen de sí mismos, el cual alimentan con el uso de las experiencias del pasado. Buscan mejorar la identidad que tienen, a través de tratar de aceptar o ver de otra manera el pasado. Esto implica futuro y, por lo tanto, tiempo. El propósito de *Un Curso de Milagros* es que aprendas a conocerte a ti mismo y no a cambiar lo que eres, según tú lo percibes. Esto es así, simplemente, porque tratas de corregir una identidad desenfocada desde lo que esta, estando desenfocada, percibe de sí misma. Debido a que crees que el tiempo existe, crees que necesitas un tiempo para cambiar. Y, como crees que eres un cuerpo, crees que necesitas cambiar tu cuerpo para cambiar. Como crees en la enfermedad, crees necesitar curar esa enfermedad, en lugar de aceptar ser lo que Dios creó. Aceptar la identidad que Dios te dio es estar fuera del efecto del tiempo, de la enfermedad y de la limitación física. Aun así, este curso parte de tus creencias para llevarte a otro lugar donde puedas ver lo que Dios piensa. El curso no niega tu forma de pensar, sino que te muestra el sufrimiento que esta implica y te ofrece poder elegir otra, cuyo efecto es la totalidad y sus efectos secundarios son amor, paz y dicha sin opuestos.

Aceptar la posibilidad de ser completamente feliz implica para el ego renunciar a sus argumentos, que le demuestran que ser completamente feliz todo el tiempo es imposible. El ego sabe que él es el origen de la infelicidad. Sabe que si decides experimentar lo que el curso propone, él va a desaparecer. Y cree eso porque no conoce nada más que a sí mismo. No sabe que cuando él se rinda y sea deshecho, lo que quedará de él será él siendo visto por Dios. El ego está completamente esclavizado por su propia limitación y cree que más allá de estos límites no existe nada, y que si él desaparece no va a quedar nada. El ego cree ser fruto de las experiencias del pasado. No es consciente de que el pasado es formulado a cada instante para poder seguir siendo tal como se percibe a sí mismo. Obsérvalo conmigo detenidamente. Todo lo que tu mente contiene, aquello a lo que tú llamas «pasado», está contenido en este instante. Tu pasado existe solo en el momento en que lo miras; solo en el momento en que lo recuerdas. Al recordarlo, lo creas, lo haces real. Es así como te afecta en el presente algo que ya pasó y que ya no existe.

Tú te basas en este pasado que acabas de crear ahora para definir tu presente y planear tu futuro. En otras palabras, crees que tu presente viene de un pasado y que, por lo tanto, tú también vienes de un pasado. No percibes que estás siendo creado en el único instante que existe: ahora. Por ejemplo, tú crees que sabes sumar porque recuerdas que alguien en el pasado te enseñó a sumar. No eres consciente de que tú acabas de ver que sabes sumar y que necesitas, primero, crear un pasado que justifique eso y, segundo, un mundo entero que apoye que tu pasado fue real. El poder de crear todo esto viene de tu Ser real, pero la acción está ligada a tu concepto limitado de ti mismo, al concepto temporal de tu ser. Y es ese concepto, con el que tú estás completamente identificado, el que desaparece cuando eliges ver tu Ser real.

Muchos son los que ante la afirmación «Tú estás creando todo lo que ves» responden diciendo que ellos no tienen tal poder. Aseguran que eso es imposible. Esto es debido a que el concepto limitado del Ser ha olvidado que el poder de crear es una de las cualidades de Dios y, por lo tanto, también suya. Tú tienes el poder de crearte limitado porque has sido creado con ese poder, pero esa creación no tendría ningún efecto si no te identificaras con ella. El concepto de tu identidad separada de Dios lo creaste tú y este no tendría efecto sobre ti si no te identificaras con él. Una vez te identificas con él, te quedas atrapado en la limitación y en la imposibilidad de escapar de él. Entonces, solo puede ayudarte una mente que recuerde perfectamente quién eres y que sepa que te estás identificando con algo ilusorio. Esta es la mente que dictó *Un Curso de Milagros*.

No encontraré palabras para poder expresar la pasión que siento a la hora de invitarte a experimentar este Renacer Único. El curso lo llama «resurrección». A medida que vas retirando tu atención de los pensamientos del ego, el Ser que se encuentra justo detrás empieza a intuirse más y más. *Un Curso de Milagros* está escrito para facilitarte ese cambio de atención. La herramienta es el perdón, tal como el curso lo presenta, y te lleva finalmente a ver la naturaleza ilusoria de aquello que se deshizo. Comprendes que aquello que desapareció de tu mente nunca existió en realidad. La duda, el miedo y el sacrificio aparecerán llegado el punto en el que decidas permitir la transformación de tu mente. En el momento en el que te pares y pidas empezar a deshacer todas las ilusorias ideas de todo lo que tú crees que eres, todas ellas se presentarán a ocupar el lugar de aquello nuevo que está por emerger. No te preocupes, mantente fijo en tu propósito. No vaciles dentro de tu deseo de esta profunda transformación y todo, absolutamente todo, te será dado para que este proceso sea lo más liviano y rápido posible. Cuanto más fijo y determinado estés, más podrás percibir los milagros que envuelven a la idea de recordar quién eres. Todo vendrá a ti para ayudarte.

La idea de un concepto del yo no tiene sentido, pues
nadie sabe aquí cuál es el propósito de tal concepto
y, por lo tanto, no puede ni imaginarse lo que es.
Todo aprendizaje que el mundo dirige, no obstante,
comienza y finaliza con el solo propósito de que
aprendas este concepto de ti mismo, de forma
que elijas acatar las leyes de este mundo y nunca
te aventures más allá de sus sendas ni te des cuenta
de cómo te consideras a ti mismo.
Ahora el Espíritu Santo tiene que encontrar un modo
de ayudarte a comprender que el concepto de ti
mismo que has forjado tiene que ser deshecho
si es que has de gozar de paz interior.

CAP. 31-V 8.1

El perdón

La meta que se nos ha asignado
es perdonar al mundo.
Esa es la función que Dios nos ha encomendado.
Y lo que buscamos es el final del sueño,
no como nosotros queremos que dicho final sea,
sino como lo quiere Dios.
Pues no podremos sino reconocer que todo aquello
que perdonamos es parte de Dios mismo.
Y así, Su recuerdo se reinstaurará en nosotros
completamente y en su totalidad.

INTRODUCCIÓN DE «LECCIONES FINALES» 3.2

He llegado al punto en mi mente en que soy consciente de la constante necesidad de perdonar todo aquello que percibo, pues todo, absolutamente todo aquello que percibo, es temporal y termina muriendo y, como ya hemos visto, la verdad es eterna y nunca muere. Me he dado cuenta, finalmente, de la necesidad de perdonar lo que pienso ahora si quiero experimentar un pensamiento verdadero acerca de lo que estoy percibiendo. Estoy completamente cegado ante la percepción de un mundo que lo único que me refleja son mis propias ideas acerca de él. Solo a través del perdón o de pasar por alto lo que pienso en este mundo, puedo experimentar lo que hay justo detrás de mis ideas: ese pensamiento que viene de más allá de mi mente humana, limitada a mis sentidos físicos, pero que está contenido en mi mente real; ese pensamiento que contiene el recuerdo de quién soy y dónde estoy en realidad; ese pensamiento, efecto de una mente plena, todo abarcadora y eterna, y no de un mundo temporal, cansado y en lucha consigo mismo.

El perdón es la piedra filosofal de *Un Curso de Milagros,* la herramienta que nos dirige fuera del mundo de las ilusiones y que nos permite ver qué es lo que hay detrás de lo que percibimos erróneamente.

> *El perdón no perdona pecados, otorgándoles así realidad.*
> *Simplemente ve que no hubo pecado. Y desde este punto de vista todos tus pecados quedan perdonados.*
>
> PREGUNTA 1, 1.2

Como hemos dicho repetidas veces, la base del mundo que percibimos es la ilusión. Esto es debido a una percepción desenfocada de lo que estamos recibiendo a través de nuestros sentidos físicos. Perdonar significa pasar por alto esa percepción errónea. El perdón es una consecuencia lógica del hecho de haber tomado la responsabilidad completa de este mundo, así que, en realidad, no es al mundo al que perdonamos, sino a nosotros mismos. Por ejemplo, cuando estamos ante una relación con la que tenemos un conflicto, no es al otro al que perdonamos, sino al hecho de estar nosotros percibiendo el conflicto. Esto es inconcebible para el ego, pero si por un instante pudieras sentir lo que experimentarías al perdonar todo aquello que tú crees que es la causa de tu dolor, te aseguro que te pondrías sin pausa manos a la obra. Es algo fuera de lo que uno pueda imaginar, pues lo que nosotros hemos entendido por perdón hasta ahora era como una especie de concesión a aquel que nos había causado dolor o a aquella situación injusta. En otras palabras, era un gesto que se aplicaba a algo que para nosotros era real. De este modo, al permanecer como algo real en nuestro recuerdo, las emociones que sentimos por ese hecho o por esa persona siguen presentes causando dolor. De ahí el dicho «Perdono pero no olvido».

El perdón reconoce que lo que pensaste que tu hermano te había hecho en realidad nunca ocurrió.
LIBRO DE EJERCICIOS 1. PREGUNTA 1.1

¿Puedes imaginar qué pasaría si pudieras reconocer en todo momento la naturaleza ilusoria de tu percepción y ver que lo que tú creías que era la causa de tu rencor o de tu tristeza nunca existió? El perdón es, en realidad, la llave de salida de la tristeza, del sufrimiento y de la muerte. Al perdonar te liberas de lo que creías que era real. ¿Puedes ver ahora que cada situación en la que te encuentras viene a ti para ser perdonada? ¿Y que, al perdonarla, lo que vas a sentir es felicidad? Ahora puedes empezar a ver que la felicidad sí depende de nuestra elección, gracias al perdón. Ahora sabes que si decidieras perdonar todo en todo momento, no te quedaría más remedio que ser feliz. La cuestión es: ¿qué es lo que eliges? La voz del ego que justifica la causa del dolor y, por lo tanto, tu derecho a sufrir y a reaccionar ante ello, o aquella que te dice:

Perdona y verás esto de otra forma.

En nuestra sociedad se ha vinculado estrechamente la palabra «perdón» con el pecado, así que vamos a echarle un vistazo a esta palabra que tanto peso ha ejercido en nuestra cultura. En el contexto social actual, la palabra «pecado» aún tiene un considerable valor, debido a su asociación con la culpa y el miedo; emociones que tienen un efecto completo de contracción y opresión. En nuestros tiempos, el pecado implica algo malo; algo que merece una consecuencia, un castigo; algo que exige una reacción. Esto, obviamente, además de darle realidad al error, lo extiende, generando más error. Debido a que implica una reacción, necesita un instante futuro en el que ejerceremos esa acción. Esa acción correctora será errónea porque parte de un error y, de esta forma, es como se extiende el error en el tiempo. Pero nosotros podemos parar esto. Jesús, autor de este entrenamiento mental, estaba por encima de la moral. Él no concebía «bueno» o «malo». No estaba interesado en la calidad de su mala percepción como humano, sino en su pasión por amar y perdonar todo lo que percibía. Esta es una de las razones por las cuales fue tan rechazado en su tiempo. Él no seguía las leyes morales de las tradiciones de la época, sino las de su Padre, las cuales están muy alejadas de la percepción y la lógica humanas. La Biblia está llena de ejemplos.

Ahora quiero que observes conmigo la diferencia de calidad de la palabra «pecado» cuando la traducimos directamente del arameo (lengua en la que predicaba mayoritariamente Jesús). En arameo, «pecado» es «*khta-hayn*», que significa «error» o «fallo». Esta palabra procede del argot de tiro con arco y se usaba para expresar el hecho de no haber dado en el blanco. Esto da un matiz de desenfoque, de algo que en un siguiente intento se puede enfocar mejor y ser corregido, en lugar de algo malo que debe ser castigado.

Cuando Él sanaba, lo único que hacía era percibir al enfermo correctamente o enfocado en su realidad de perfección, y unía su visión a la del que creía estar enfermo. Una vez sanado añadía: «Ahora ve y no peques más». Eso no era una amenaza de que si volvía a hacer algo malo volvería a ser castigado. Era solo una petición, una sugerencia, un «Ahora ve y no te desenfoques más y no te desalinees de tu realidad; no percibas en ti, de nuevo, lo que no está ahí». Esto implica que perdonar de ninguna manera es un sacrificio, porque sabemos que lo que perdonamos no está realmente ahí. Solo usamos todo lo que vemos, sentimos y experimentamos fuera de la felicidad absoluta para perdonarlo y que se nos dé una nueva visión de ello. Si no usas esta herramienta como la única herramienta real que existe en este mundo, es porque aún no crees que sea la puerta de salida de todo conflicto en el que puedas encontrarte. Perdonar en cada situación de tu vida en la que te encuentras te permite experimentar el amor que hay detrás de lo perdonado. *Un Curso de Milagros* está dirigido a entrenar tu mente para que puedas ejercer la acción del perdón real en cada instante. Su empeño en esto es total.

Dar respuesta a este mundo con el perdón es lo único que te va a hacer feliz. Es la forma de pasar por alto tus propias ideas de lo que crees que está pasando y empezar a vivir lo real. Llegado a este punto, estás salvado porque la felicidad, la paz y el amor son su resultado y sus opuestos; dejan de ser tus enemigos para aliarse contigo en esa acción de aprender a perdonar. La duda, la enfermedad, la soledad, el odio y el caos se convierten en indicadores que te recuerdan que puedes perdonar en ese mismo momento y ser feliz de nuevo. Te acompañarán ahora en tu camino, mostrándote cuándo debes tomar la responsabilidad de lo que vives, decidir de nuevo y perdonarlo. La mente, que encarna esta acción mental, se vuelve invulnerable. Nada en este mundo puede causarle nada que ella no decida vivir. Una mente que perdona simplemente está rindiéndose una y otra vez ante el conflicto y ante la voluntad de su Creador. Renuncia a sus propias ideas en el mundo en favor de las del perdón, el amor y la paz. Nada en el universo puede evitar eso, pues el universo entero es la respuesta de ayuda a la mente que ha decidido perdonar y ser feliz.

Yo estoy rindiéndome en todo momento, cada vez que escribo algo en este libro. No sé de verdad, desde mis ideas, qué sentido tiene UN PUENTE A LA REALIDAD, ni el hecho de que tú lo estés leyendo. Cada idea o pensamiento que aparece en mi mente al respecto lo descarto directamente, lo paso por alto, a la espera de ese pensamiento eterno que se encuentra detrás. Esto es algo muy personal e individual. Parte de tu Creador y es para tu mente. Por ejemplo, la relación de tu mente con este libro solo puede ser definida por Dios. Acepta la responsabilidad de estas palabras, siéntete autor de ellas y suelta (perdona) toda idea que tengas al respecto. Después de eso, es tu Creador mismo el que llena con Sus propias ideas ese espacio que tú has dejado libre en tu mente. La herramienta que se te da para aprender a perdonar es la relación. Las relaciones son el reflejo o la prueba de que te percibes separado y la separación es la idea que da origen a este mundo. Esta es la idea original que debe ser perdonada completamente. Por eso vamos a dedicar a las relaciones un espacio en este libro. Deseo aportar una nueva visión de lo que son las relaciones y su sentido real aquí. Todo está reflejándote la unidad de quienes somos, y lo que tú ves en su lugar son las ideas que pones entre tú y ese reflejo. Observa esta situación. Si perdonamos todo lo que vemos en ella podremos ver que el instante en el que yo escribo esta frase y el instante en el que tú la lees son el mismo. No hay diferencia. Lo único que parece diferenciarlos es nuestra propia definición de este instante. Para mí, parece que escribo lo que tú leerás en mi futuro. Para ti, parece que lees lo que yo escribí en tu pasado. Estas ideas mantienen nuestras mentes separadas, y te recuerdo que la separación es la idea de la que parte todo este mundo en el que la gente sufre y muere. Pero, en realidad, lo único que pasa ahora es que tú y yo nos estamos dando cuenta de que somos un solo Ser en un mismo instante, cuando descartamos (perdonamos) nuestras interpretaciones de lo que creemos que ocurre ahora. Escritor y lector se convierten en uno cuando se perdona al tiempo y al espacio; experimentarlo es lo que es el milagro. Este es el propósito de este libro y el de *Un Curso de Milagros:* acortar la distancia entre las mentes hasta que lleguen a reconocer o recordar su unidad de forma inequívoca.

Gracias.

Te pido que hoy bendigas mi vista.
Mi vista es el medio que Tú has elegido
para mostrarme mis errores y para poder ver
más allá de ellos.
Se me ha concedido poder tener una nueva
percepción a través de la Guía que
Tú me diste, y, mediante Sus elecciones,
superar la percepción y regresar a la verdad.
Pido la percepción que trasciende
todas las que yo inventé.
Hoy elijo ver un mundo perdonado
en el que todo lo que veo me muestra la faz de Cristo
y me enseña que lo que contemplo es mío,
y que nada existe excepto tu Santo Hijo.

LECC. 269

La ayuda

Los que se consideran separados han inventado
muchos remedios para lo que, según ellos,
son los males del mundo.
Pero la única cosa que no han hecho
es cuestionar la realidad del problema.
Los efectos de este, no obstante, no se pueden sanar
porque el problema no es real.

LECC. 41 2.1

Pedid y se os dará; buscad y encontraréis;
llamad y se os abrirá, porque el que pide recibe;
el que busca encuentra, y al que llama se le abre.

LUCAS 11, 9-10

Todo cuanto yo puedo ofrecerte parte única y exclusivamente de tu capacidad, de tu disposición y de tu apertura a recibir lo que eres en realidad. Este instante en el
que tú te paras para acceder o aceptar algo que jamás
antes habías experimentado es el instante que yo empleo
para compartirlo contigo y así ejercer el papel que tú me
has dado al escribir este libro. Yo, que reconocí mi necesidad de ayuda, puedo escuchar la tuya y ofrecerte todo
lo que recibí. Se me dio todo y eso es lo que voy a ofrecerte. He pedido ayuda y tú, leyendo mis palabras, eres
la respuesta que Dios me ha dado. No puedo esperar a que

aprendas a ser Su respuesta, ya la eres tal cual eres. Ahora mira esto.

Un Curso de Milagros es como esas revistas que venden en los quioscos; esas que llevan un *kit* con el CD, el manual, el diccionario, etc. *Un Curso de Milagros* lleva incorporado un marco de herramientas para que puedas hacerlo sin dificultad. Cuando te compras este libro, te llevas un equipo de maestros increíbles contigo. Tú no los ves; te compras el libro y puede que pienses: «¡Ostras, qué caro!». Pero no sabes lo que estás comprando, porque no lo percibes. Ni siquiera el que te está vendiendo el libro sabe que con esa compra te llevas todo el universo. Me encanta esta idea.

Las herramientas que necesitas para que la verdad se despliegue en tu mente y puedas experimentarla en tu propia vida siempre vienen contigo; siempre llegan a ti; siempre están dispuestas a alcanzarte allá donde estés. Incluso si no las quieres, hay herramientas tan sutiles que el hecho de aceptarlas se convierte en algo disponible para ti, a pesar de que las rechaces en un principio. Puede que lleguen en forma de persona o de situaciones concretas. No lo sé, pero sí sé que todo en tu vida se alinea para que tengas éxito con el curso. Es increíble, ¿verdad? Esto solo ocurre por el mero hecho de querer aprender lo que este curso pretende enseñarte; es solo por esa voluntad. Por eso el resultado del curso es seguro. Por eso vas a conseguirlo. Es imposible que no lo consigas, aun si lo coges y lo tiras o lo dejas en la estantería durante seis años, como hice yo. No importa.

Esta situación de escribir Un puente a la realidad es parte del *kit* que venía junto con *Un Curso de Milagros* cuando yo lo compré. Esta es la forma en la que puedo aprenderlo más rápido y hacer que se convierta en mi vida este mensaje tan «difícil» de aceptar. Yo he aceptado aprender este curso a través de extenderlo, nada más. La decisión que yo he tomado no difiere de la tuya en el propósito; sí, quizá, en la forma; por eso tú estás leyendo Un puente a la realidad y yo escribiéndolo, pero el propósito que tenemos es compartido porque es el que está definiendo esta situación. Por lo tanto, lo que vamos a conseguir tú y yo en este instante es lo mismo, porque se nos está dando lo mismo todo el tiempo, pero en la forma que cada uno lo pueda aceptar mejor. No importa si tu función en este plan de conseguir este propósito consiste en leer este libro, no importa. Mantén tu propósito claro en tu mente y no te preocupes por la forma que este toma en tu vida.

Si a estas alturas ya has decidido despertar y experimentarte tal cual eres en realidad, vas a necesitar toda la ayuda del universo. Tú, al ser todo el universo, vas a necesitar todo el universo para salir de las ataduras a las que has sometido a tu propia mente. Usaste todo el poder del universo para crear este mundo regido por el tiempo y ahora necesitas ese mismo poder para invertir esa acción.

Todo cuanto necesites en cada instante te va a ser dado. La cuestión es cómo percibes esa ayuda. La ayuda nunca viene de la forma esperada porque proviene de fuera del punto desde el que tú la pides. Muchas veces no aceptamos la ayuda porque simplemente no la percibimos como tal. Cuando pedimos ayuda, automáticamente aparece una idea en nuestra mente de lo que nosotros creemos que nos ayudaría. Así es como enfocamos nuestra mente para conseguir la ayuda que creemos que necesitamos desde dentro del problema, en lugar de abrirnos a recibir la ayuda que se nos ofrece desde fuera del problema. ¿Puedes observar la diferencia que hay entre las dos acciones? Una implica que tú vayas a buscar la ayuda y la otra, que la recibas. Una implica una desconfianza total hacia Aquel que ofrece la ayuda y la otra demuestra una confianza absoluta. Una implica el miedo a recibir lo que en realidad necesitas y la otra, todo lo contrario.

Simulamos que pedimos ayuda, pero siempre llevamos esa ayuda al problema. Dicho en otras palabras: buscamos la ayuda dentro del lugar donde la necesitamos; buscamos ayuda dentro del problema. Y ahí nunca se encuentra dicha ayuda.

¿Te estoy ayudando con esto que te digo? No lo sé. Dependo solo de tu capacidad de aceptación. Dios se está dando completamente a sí mismo a cada instante y únicamente depende de tu aceptación que esto que te acabo de decir sea un hecho para ti. Recibir es aquello que permite que la ayuda llegue a tu conciencia. Tú eres el que ve el problema y es a ese lugar, desde el que tú ves el problema, adonde tiene que llegar la solución. Todo queda muy simplificado ante la visión de *Un Curso de Milagros*:

Recuerda que tienes un solo problema
y que el problema tiene una sola solución.
En esto reside la simplicidad de la salvación.
Por eso es por lo que su eficacia está garantizada.

Lecc. 80 5.5

Tú eres el problema y la solución. La pregunta ahora es: ¿qué es lo que deseas ser? Ambas cosas no pueden coexistir, pues una anula a la otra. ¿Qué es lo que quieres ver en todo lo que te rodea: el problema o la solución? Aquello que decidas ser es aquello que luego enseñarás y extenderás en tu mundo.

Dios entra en este mundo a través de tu mente. No existe otro lugar por el que pueda manifestarse. Él es todo lo que te rodea, pero tú no lo experimentas así. La única forma de que el amor sea lo único que te rodee es permitiendo que la percepción que tienes de Él sea corregida. ¿Dónde? En tu mente. Esta es la puerta que Dios usa para entrar en tu mundo de problemas. De esta forma, al tú aceptarle a Él como única ayuda, te conviertes en la solución de tu mundo y aceptas el papel de salvador que te fue dado cuando llegaste. Tú eres el único que puede salvar al mundo del amor condicional, de los juicios e ideas de inseguridad, del miedo y de la enfermedad que has impuesto sobre Él. Nadie más puede. Y todo lo que la ayuda puede hacer por ti es acompañarte al punto en el que tú pierdes el miedo a aceptar la función que Dios te da.

Existe un solo punto en todo el universo que necesita ayuda. Ese punto eres tú y, mientras no lo reconozcas, seguirás rodeado de toda la ayuda del universo esperando a ser aceptada y cumplir su función. Recuerda que cada ser que existe en tu mundo no es más que una idea en tu propia mente. Así que cuando tú aceptas la ayuda en tu mente la aceptas para todos. Así es como todo el mundo sana. Es posible que ver la extensión de tu aceptación del amor sin opuestos requiera tiempo, pero recuerda que el tiempo es solo una idea relativa. Todo el mundo cambia cuando tú lo haces. Nadie está excluido de tus pensamientos. Todo se ve afectado por tu forma de pensar. Mientras pienses que estás separado no podrás vivir lo que te digo.

Cuando pides ayuda a tu Creador, lo único que puedo asegurarte es que su respuesta no necesita tiempo. Puedo asegurarte que lo que ves en el instante siguiente a tu petición de ayuda es su respuesta. Que tú te des cuenta de eso y lo aceptes como tal es lo único que quizá requiera tiempo.

El mundo que ves es, en sí mismo, la representación del problema. Y solo tendrá solución cuando la aceptes para ti mismo, pues al aceptarla te convertirás en ella. Suelta tu concepto de «problema». Deja de pedir dinero, salud, pareja o un coche nuevo. Busca en tu mente cuál es el problema real que genera todos tus problemas y pide ayuda para que este se solucione. Te olvidaste de quién eres y recordarte significa el fin de todos los problemas. Tú, que te dormiste y lo olvidaste, olvidaste que estar dormido es el problema y despertar, la solución. Has venido a este mundo como su solución. Tú, que eres todo amor, has venido a este mundo lleno de miedo y sufrimiento únicamente para amarlo. Solo cuando reconozcas tu único problema y pidas ayuda, podrás aceptar lo que has venido a ser.

En lo profundo de tu interior yace todo lo que es
perfecto, presto a irradiar a través de ti sobre el mundo.
Ello sanará todo pesar y dolor, todo dolor y toda
sensación de pérdida, porque curará a la mente
que pensaba que todas esas cosas eran reales
y que sufría debido a la lealtad que les tenía.

LECC. 41 3.1

DESPERTAR AL AMOR

No tengas miedo del amor, pues solo él puede sanar
todo pesar, enjugar todas las lágrimas y despertar
tiernamente de su sueño de dolor al Hijo
que Dios reconoce como Suyo.

LECC. PREGUNTA 10 4.2

Recordando el ahora

El único tiempo que queda ahora es el presente.
Aquí, en el presente, es donde el mundo
queda liberado.
Pues al dejar que el pasado quede cancelado
y al liberar el futuro de tus viejos temores,
encuentras escape y se lo ofreces al mundo.

Lecc. 132 3.1

Yo soy esa mente atemporal que usa esta mente específica para escribir estas palabras. Esta mente específica que contiene recuerdos de un pasado y un futuro para poder comprender tu pasado y tu futuro y decirte que el tiempo no existe. No sé cómo va a ser mañana, pero sí sé que seré feliz si así lo elijo ahora. Estar en el presente, el único «lugar» en el que puedo ser feliz, es una decisión que puedo tomar a cada instante, incluido lo que tú llamas «mañana».

Muchos creen que el presente, o el ahora, implica tiempo. Creen que es un lugar en el tiempo entre el segundo anterior y el segundo posterior. El tiempo nunca para, siempre está en un aparente movimiento. La mente que solo conoce el tiempo se mueve junto con él, siendo su esclava. Este movimiento constante es el que no le permite a esta mente encontrar el presente. Siempre está viniendo del pasado y yendo hacia el futuro. El presente es un lugar eterno. Siempre es presente. El ahora siempre es ahora. No existe el presente de antes o un presente que esté por llegar. El presente nunca cambia, siempre está en el mismo lugar (aquí) y en el mismo momento (ahora). Solo la mente que lo percibe desde el tiempo puede percibir en el presente la ilusión del movimiento o de cambio.

Cuando estás en el ahora, sales literalmente del tiempo. Sacas la cabeza por encima de la superficie del espacio y del tiempo, y ves absolutamente clara la naturaleza ilusoria de estos. Ves que el tiempo no es lineal, sino que es esférico y que todo ocurre al mismo tiempo en un único instante. Ves también cómo tu mente selecciona instantes dentro de esa esfera de tiempo y los ordena uno detrás de otro de forma que tengan un orden y sentido para esta mente temporal humana. Esta actividad ocurre de forma natural e inconsciente. La mente que hace esto no puede creer que lo esté haciendo. Ha perdido su poder y cree que el tiempo es lineal porque es lineal y no porque ella lo esté creando como lo vive. Por eso, lo que verás y experimentarás te demostrará que el tiempo existe y que es una secuencia de acontecimientos, uno tras otro. Fuera de esta referencia, el tiempo es una ilusión que duró un instante.

El tiempo tan solo duró un instante en tu mente
y no afectó a la eternidad en absoluto. Y así es con
todo el tiempo que ha pasado; y todo permanece
exactamente como era antes de que se construyese
el camino que no lleva a ninguna parte.

CAP. 26-V 3.3

Mi primera experiencia consciente de la no existencia del tiempo ni del espacio tal como yo los veía fue en agosto de 2004. Iba junto a un grupo de amigos en un todoterreno hacia la ciudad de Lhasa, capital del Tíbet. Llevábamos casi un mes de viaje. Ese día, por la mañana, sentí algo distinto a los demás, así que tan pronto como emprendimos nuestro viaje cerré los ojos y empecé a mirar dentro de mí. Al cabo de unos minutos, empecé a experimentar un sentimiento muy intenso. Era como si algo se estuviera desatando dentro de mí con mucha furia. Permití que esa sensación fuera aumentando. No me opuse a ella. Simplemente dejé de tratar de controlarla. En el momento en el que ya me encontraba totalmente superado por esa sensación de ira y rabia absoluta, salí disparado de mi cuerpo y vi cómo me alejaba del vehículo hasta llegar fuera del planeta. Justo cuando me di cuenta de ello, sentí la presencia de alguien un poquito más arriba de mí. Cuando estuve a su lado me puso su mano en mi hombro. Era el Maestro de Maestros de *Un Curso de Milagros*, y me dijo: «Estate un momento aquí conmigo».

En ese instante apareció en mi mente una imagen de hacía dos días y luego una de dentro de tres días y luego una de hacía un mes y luego una de dentro de tres meses. Llegué a verme como un bebé y, a la siguiente imagen, como un anciano. El transcurso de las imágenes era cada vez más y más rápido, y más hacia delante y más hacia atrás, hasta que llegó a una velocidad en la que la línea de tiempo que yo recorría empezó a tomar volumen hasta convertirse en una esfera. El extremo del primer instante de vida como Sergi y el del último estaban a la misma distancia de mí que cualquier otro instante. Yo estaba situado en medio y todo a mi alrededor eran las mismas imágenes que había visto antes, puestas ahora en la superficie de esa esfera. Ninguna de ellas estaba relacionada con la otra; solo existían en ese instante todas ellas de forma simultánea. Entonces vi un haz de luz que iba del centro de la esfera a una imagen de la superficie. Era la imagen en la que yo estaba en el todoterreno yendo hacia Lhasa. En ese momento sentí que podía retirar ese haz y desaparecer físicamente de esa experiencia en el todoterreno. Al darme cuenta de esto me invadió el pánico y sentí cómo saltaba a otro lugar. Estaba en el centro de otra esfera, que era más grande y contenía otras esferas. Una de ellas era la esfera con la vida de Sergi junto a otras que contenían imágenes de otras experiencias con otros cuerpos del pasado o del futuro. Todas ellas estaban ocurriendo al mismo tiempo. En ese instante recordé que lo que yo había experimentado como recuerdos de vidas pasadas estaba también ocurriendo al mismo tiempo en ese mismo instante.

Entusiasmado con ese espectáculo, sentí otro salto y vi de nuevo que estaba en el centro de otra conciencia mucho más grande. Esta contenía la esfera en la que estaban todas mis vidas y también todas las esferas que contienen todas las experiencias de todos los seres humanos. Todo el tiempo contenido en ese instante. Napoleón, la señora que va a buscar agua al río en 1572, Jesús resucitando, yo en el todoterreno, tú leyendo esto...; todo ocurre en este instante. Después, vi frente a mí una silueta que podía fácilmente reconocer como la de Jesús, pues era la imagen mental que yo tengo de Él. Se acercó a mí, me dijo dos frases y me golpeó suavemente el pecho. Entonces salí disparado en caída libre hacia el todoterreno. Sentía cómo mi conciencia se iba compactando, limitándose más y más; sentía literalmente que no cabía dentro de ese cuerpo tan pequeño. Eso era así porque, dentro de la experiencia a la que regresaba, no era consciente de lo que acababa de experimentar. El lugar al que volvía estaba regido por el tiempo y yo dentro de este mundo también lo estaba. Así fue como me di cuenta de la necesidad de despertar mi conciencia a la realidad de la eternidad. Se me había mostrado que no existe el tiempo ni el espacio tal como yo creía que eran. Ahora no tenía motivos para dudar. Ahora era consciente de que mi única necesidad era despertar.

Esta experiencia que acabo de contarte tiene como finalidad despertar en ti la idea del ahora. La experiencia en sí no tiene ningún valor ni finalidad en sí misma. La única experiencia del presente válida para ti es aquella que experimentas por ti mismo. Cada mente específica tiene una forma concreta de llegar a ello y de vivirlo. Ahora puedes elegir dos presentes: o ser tal cual fuiste creado o ser la consecuencia de tu pasado. Uno te lleva fuera de las ataduras del tiempo; el otro, a necesitar otro instante (más futuro) en el que poder decidir de nuevo ser tal cual fuiste creado o ser la consecución de tu pasado. Esta elección depende de ti y el único momento en el que la puedes tomar es ahora. Si eliges a Dios, pero no estás preparado para recibirlo, el futuro que habías establecido como consecuencia de tu pasado desaparece y en su lugar se genera un futuro donde todas las experiencias que vivirás te llevarán al ahora, donde no existe la necesidad de ningún futuro. Por ello todo aquel que conoce *Un Curso de Milagros* es porque en algún momento ya ha decidido por Dios, aunque no sea consciente de ello.

El Maestro Saint Germain nos habla del tiempo con estas palabras a través de su escriba Consuelo Orpí-Láscaris en el libro *Las nuevas enseñanzas del Maestro Saint Germain*:

> *Aunque en realidad el tiempo no existe,*
> *la personalidad externa logra con mucho éxito*
> *coartar la expresión divina de la vida.*
> *No puede coartar realmente la vida, ya que la vida*
> *es libertad absoluta, pero fuerza solapadamente*
> *al Ser a sentirse separado de la verdadera vida,*
> *a vivir en una aparente separación, forzada por esa*
> *tiranía autoimpuesta en la que el tiempo es uno*
> *de sus mayores condicionantes. Libérate*
> *de las ataduras del tiempo.*
> *Podemos salir del tiempo en este instante.*
> *Comprende que, cuando empiezas a elevarte*
> *y reconocer tu propio Ser, puedes realizarte*
> *en un instante.*

Ahora sabemos que cualquier persona que viene a ti explicándote una historia, explicándote su pasado, para compartirlo contigo, en realidad lo único que quiere es liberarse de ese pasado y la única forma de que pueda conseguirlo es que tú estés libre del tuyo. *Un Curso de Milagros* te dice que el pasado y el futuro pueden ser resueltos si los pones en manos de Dios, y no solo eso, sino que existe un tiempo y un espacio para que eso ocurra. El tiempo es ahora y el espacio eres tú. ¿Negarías tú ahora que eso ocurriese?

Mantente alerta, no te identifiques con ningún tiempo. Tú no eres del tiempo. Estás en el tiempo, pero no eres del tiempo. Jesús dice: «La eternidad existía antes del tiempo y existirá cuando el tiempo se termine». Tú existías antes de que el tiempo existiese y seguirás existiendo cuando el tiempo se termine. Tú no eres un producto del tiempo, solo la idea que resulta de ti al aceptar que el tiempo es lo que va a morir, y eso es lo que tú no eres.

Este instante es eterno y en él está a tu disposición la memoria de quien eres. Obsérvalo. La memoria de que tú y yo somos un único ser que existió antes del tiempo y que existirá después del tiempo de la fragmentación está contenida en este instante, dentro de este tiempo. Lo que se te está ofreciendo ahora no depende de este momento ni de este espacio, depende de tu capacidad de aceptarlo. Si lo aceptas, se extiende, y esto es inevitable porque tú eres una sola mente. Si te liberas de las ataduras del tiempo, esa acción se extiende a todo tu Ser, del cual todos forman parte. Estate listo porque todo el mundo va a volver a ti para que los liberes del tiempo.

Si yo digo sí al momento presente y siento este sí,
no es solo algo mental; me abro a la vida, y entonces
siento en el fondo lo que no tiene forma,

el yo atemporal, el yo que no tiene nada
que ver con mi historia personal.

ECKHART TOLLE. LA NUEVA CONCIENCIA

El ahora es el momento de la salvación,
pues en el ahora es cuando te liberas del tiempo.

CAP. 13-VI 8.1

Las relaciones

Has encontrado a tu hermano, y cada uno
de vosotros alumbrará el camino del otro.
Y partiendo de esa luz, los Grandes Rayos se
extenderán hacia atrás hasta la oscuridad y hacia
delante hasta Dios, para desvanecer con su
resplandor el pasado y así dar lugar a Su Eterna
Presencia, en la que todo resplandece en la luz.

CAP. 18-III 8.5

Si te dieras cuenta de que cada vez que te encuentras con alguien es contigo mismo con quien te encuentras, te aseguro que tus relaciones serían totalmente distintas. Si recordaras que aquel con quien te encuentras acaba de llegar del cielo y que lo que tú percibes no son más que tus propios juicios que impones sobre él, cada encuentro sería un ofrecimiento del amor completo, que es aquel con quien te encuentras.

Seguimos creyendo que hay alguien externo a nosotros con quien nos estamos relacionando, pero eso no es así. Es posible que aún no hayas tenido esa evidencia. No obstante, podrás reconocer que cuando te encuentras con alguien, de lo único de lo que eres consciente es de tus propios pensamientos acerca de él. Lo único que experimentas son los sentimientos que sientes por esa persona, producidos por los pensamientos que tú tienes de ella.

Todo eso ocurre en tu mente. Estás tomando todas esas decisiones en función de la calidad de los pensamientos y emociones que experimentes con quien te relacionas; entonces decidirás acercarte o distanciarte. Pero, en realidad, esa decisión que tomaste no tiene nada que ver con la persona que ves, sino con lo que tú has decidido previamente que esa persona significa para ti.

Esto muestra que no eres libre ante ese encuentro o relación. Tus pensamientos ya han establecido el escenario que te va a llevar a tomar la decisión de cómo comportarte o qué sentir respecto a esa persona. No eres libre en ningún momento porque estás sometido a tu forma de pensar y de ver el mundo. Creemos que ser libres es usar libremente nuestras ideas y defenderlas y no nos damos cuenta de que somos esclavos de ellas. No vemos que ser libres es cruzar o pasar por alto esos pensamientos que están fundamentados en experiencias pasadas y que no tienen nada que ver con el presente. Al hacer esto nos sometemos a vivir el presente como todo lo vivido en el pasado, en lugar de ser libres de vivirlo como es en realidad.

En este mundo tratamos de relacionarnos con personas a las que percibimos separadas de nosotros. Este intento establece una relación basada en la separación, y desde este marco de referencia jamás tendremos un encuentro Total con la persona con la que nos relacionamos. Es como tratar de pegar dos piezas separadas. Por muy juntas y perfectas que se unan, siempre estarán separadas. Siempre van a necesitar unirse, porque nunca lo estarán del todo debido a su naturaleza dividida. Nunca se convertirán en una pieza. Siempre serán dos piezas unidas. Si dos partes unidas no se convierten en una, entonces la unión no es real, sino algo ilusorio e inestable. Siempre existirá una brecha por donde la división puede aparecer de nuevo. Por esta razón, en relaciones basadas en la separación no existe la confianza absoluta, ni la estabilidad constante, ni la paz. Todo lo que ocurre en ellas es un intento de encajar dos piezas y, una vez que parece ocurrir y nos hace felices, tratar de mantener esa unión a toda costa. Y es ahí donde el miedo a perder esa unión aparece; y miedo y felicidad no pueden coexistir. Esto ocurre en todo tipo de relaciones, pero es muy evidente en aquellas en las que hemos decidido sentirnos unidos a alguien en concreto. Es en este tipo de relaciones, que el curso llama «relaciones especiales», donde lo expuesto es muy claro. Estas son las relaciones que gestiona y dirige el ego.

Todo lo que aprendemos en este mundo respecto a las relaciones es como lidiar o manejarnos con esa imposibilidad de unión perfecta. Alguien que pueda considerar que tiene buenas relaciones es aquel que ha encontrado una forma de anestesiar la frustración de la incapacidad de unión real. Hay un punto en nuestras mentes, más allá de lo que acabamos de exponer, donde el recuerdo de unidad permanece. Es el punto donde todo es uno eternamente. Cuando tu conciencia se establece en él, las relaciones se convierten en un reflejo de esa unidad, en lugar de en un intento de buscarla. Ante esta visión, toda necesidad de unión desaparece y la relación se convierte en el medio por el que expresas y extiendes la unidad en este mundo dual. Por lo tanto, cada encuentro se convierte en una oportunidad para decidir experimentar tu relación real o para decidir seguir relacionándote tal como ya has hecho hasta ahora. La diferencia es clara: la relación real o «santa», como se nombra en el curso, parte del reconocimiento de la unidad o del reconocimiento de la falsedad de la separación. El miedo a la pérdida, la incomprensión y el apego no tienen cabida. De este modo la relación es una demostración o expresión de este estado singular en el que te encuentras.

Cuando soy consciente de quién soy, todo aquello con lo que me relaciono es conmigo mismo. En ese momento soy totalmente responsable de lo que pienso y siento sobre la persona que veo delante de mí. Esa persona me muestra lo que yo estoy pensando de mí mismo y cómo es mi relación conmigo. Desde ese punto todo es muy intenso. No hay filtros. Cada pensamiento se vive con totalidad. Cuando siento algo que no es plena felicidad me detengo y espero a verlo de otra manera. Toda la ayuda del universo está allí para que ese cambio de percepción se dé. Solo requiere que yo deje de tratar de relacionarme a mi manera, creyendo que sé quién es o cómo es la persona que tengo delante. En este mundo de reflejos no sabemos nada. No vemos nada tal cual es en realidad en ese momento. Aquí aprendemos a relacionarnos a través de las experiencias pasadas y nunca dejamos que una relación sea totalmente verdadera, completamente enmarcada en el presente, limpia de nuestros pensamientos de separación.

Lo que te trae aquel que tienes delante es inabarcable por una mente que cree estar limitada en un cuerpo. Cuando todos tus juicios desaparecen, con lo único con lo que te puedes relacionar es con lo único que existe: el amor mismo relacionándose consigo mismo. Es una experiencia de éxtasis total y ocurre cada vez que estás delante de alguien, incluso aunque sea de pensamiento. Lo único que hacemos aquí, en este mundo, es tratar de mitigar esto con nuestras relaciones hasta tal punto que la experiencia con el amor haya desaparecido de nuestras conciencias y se haya convertido en una búsqueda. Como expresa el curso: la búsqueda del «busca pero no encuentres».

La evidencia de que no existe amor en este mundo y que solo a través de ti puede llegar es algo evidente para mentes que han despertado a la realidad de su Ser. Estas saben que el amor no tiene matices y también son conscientes de que están viendo este mundo separados de su Fuente. Y son conscientes de la necesidad de pasar por alto las ilusiones que perciben en él para ver el amor que se encuentra justo detrás. La forma de extender aquí el amor es a través de la relación. Cada encuentro te ofrece esa oportunidad de extender tu reconocimiento. Una mente despierta no se detiene a observar cómo está siendo una relación. Su deseo de ver solo amor es superior a los juicios que lo evitan. Una mente iluminada está relacionándose con tu esencia, sin importarle quién crees ser; de esta forma es libre de sentir solo amor, pues no depende de con quién se encuentre, sino de su propia decisión. Es muy probable que te parezca más fácil experimentarlo con algunas personas que con otras, pero llega un punto en el que no te detienes a valorar esto; lo único que deseas es sentir tu Ser con cada encuentro.

Dios aparece en este mundo cuando sientes amor por el otro. Es solo en ese momento cuando Dios se reconoce a sí mismo, pues Él es amor. ¿Puedes imaginar la felicidad que sientes cuando amas a todos totalmente? ¿Sabes que el amor siente siempre amor por aquel que tienes delante? ¿Sabes que tú eres amor y que si sientes otra cosa es solo porque no estás alineado con tu identidad? ¿Sabes que no eres feliz cuando no sientes amor y que no sentir amor procede de una decisión tuya? Solo si te apartas a un lado y dejas que lo que eres en realidad se exprese, entonces puedes contestar «sí» a estas preguntas. Todo pensamiento que aparece en tu mente que te diga que no puedes hacer eso o que es muy difícil, incluso imposible, o que es una utopía viene del ego y no tiene ningún poder sobre ti si así lo decides. Después de experimentar esto en mí, empecé a recibir comentarios de gente que se sentía mal por ello porque no entendían cómo yo deseaba amar a todos por igual. No entendían cómo no podía amar más a mis seres más cercanos que a los desconocidos. La cuestión para mí es muy clara: para poder amar a alguien más, tengo que salir de este estado de Totalidad y, por lo tanto, dejar de amar de verdad. El amor no tiene opuesto, ni matices, simplemente es. Así que, cuando amas más a uno que a otro, en realidad no amas en ninguno de los casos. En esta situación, lo único que experimentarás será tu propio concepto de «amor» y este suele tener opuesto y, por lo tanto, implica miedo y tiempo. Es un amor que irá variando a medida que el tiempo pase y en función de cómo vayan los acontecimientos externos. Serás tú quien decidirá a quién y cuánto amar. Para un Ser que es solo amor hacer esto implica dejar de ser él mismo y ser otra cosa, y esa otra cosa no existe a pesar de que insistas en identificarte con ella.

Y yo me pregunto: ¿cómo podría escribir esto si no sintiera el amor que Dios siente por ti?, ¿qué finalidad tendría?, ¿qué sentido tiene hacer algo que no proviene del amor? Por ello puedo amarte totalmente sin ni tan siquiera conocerte. No lo necesito porque sé que en realidad vives en el amor y solo te encuentro verdaderamente cuando siento esto en mí. Nada en este mundo podrá convencerte de lo contrario cuando lo experimentes en ti mismo, y créeme que lo harás. Eres amor y regresarás a ese reconocimiento tarde o temprano. El tiempo ya no importa. Ahora sabes que es una ilusión y que no es él el que te separa de esa experiencia, sino el miedo al amor. Para acelerar esto, deja de intentar cambiar las situaciones en las que te encuentras o a las personas con las que te relacionas o a ti mismo. Nunca vas a tener éxito en este empeño. De hecho, si lo piensas honestamente, cada vez que has tratado de cambiar algo o a alguien, ¿cuántas veces el resultado ha sido la felicidad o el amor sin opuestos? ¿Y cuántas veces ha sido eterno?

Cuando tratas de cambiar a alguien no tienes éxito porque lo que en realidad tratas de cambiar es lo que tú ves en esa persona y lo que ves en esa persona es un pensamiento tuyo. Tratar de cambiar un pensamiento tuyo bajo la admisión de que está fuera de tu mente es imposible. Lo que tratas de cambiar en lugar de la causa del conflicto (tu mente) es al blanco al que tú lanzas tu propio juicio, tal cual lo ves una vez tu juicio ha impactado en él. Es lo mismo que lanzar una flecha desde veinte metros a una diana y fallar, y luego tratar de corregir el error moviendo la diana desde donde tú te encuentras a veinte metros de distancia, en lugar de tomar la responsabilidad del error, apuntar mejor y acertar en el blanco. De hecho, tal como hemos dicho anteriormente, este es el significado que para Jesús tenía la palabra «pecado». «Pecado» nunca tuvo una connotación moral para él; nunca lo vivió como algo opuesto al bien. En su lengua, el arameo, pecado es «*khtahyn*», que significa «errar el blanco» o «fallar». Por lo tanto, es algo que puede ser corregido con un nuevo disparo bien enfocado. No demanda ningún cambio respecto al error anterior, tan solo requiere un nuevo lanzamiento bien enfocado que dé en el blanco. Así que lo único que hacen tus relaciones es informarte continuamente. Te informan de si estás alineado con tu realidad o no. Te informan de qué tipo de juicio estás emitiendo, de si es real o está errado. ¿Cómo saber si está alineado o es real? Muy fácil. Si está alineado o enfocado te sentirás completamente feliz; si no lo está, sentirás cualquier otra cosa y lo único que requerirá es que vuelvas a mirar esa relación tal como es en realidad en lugar de usar el tiempo para tratar de cambiarla o ajustarte a ella. ¿Puedes ver la inmediatez de esto? Es solo un gesto en tu mente lo que cambia todo lo que te rodea. Sé que puede parecerte imposible o difícil que eso sea así debido a lo sencillo que es. Pero la realidad es sencilla.

Si las relaciones tienen algún sentido, este es aprender a estar alineado con tu Ser. Nada más. Cualquier otro propósito que le des va a ser real para ti y va a implicar tiempo y dualidad. Esto te conducirá a buscar estar cómodo en el sufrimiento de la separación en lugar de querer salir de él. La única relación que existe en realidad es la que tienes con tu Creador. El resto son opiniones o puntos de vista de lo que esa unión es para ti. Cada relación, del tipo que sea, en la que te encuentras refleja la opinión que tienes, en ese momento, de tu relación con el Todo. Observa que el elemento constante en todas ellas es la separación. Solo con tus juicios basados en la separación puedes modular a tu gusto la intensidad total y constante del amor que siente Dios por ti a través de todo el mundo con el que te relacionas. Tan solo creyendo que el de enfrente no te ama puedes evitar sentir el amor que Dios siente por ti a través de esa persona. Incluso escuchando a alguien decir: «No te amo», puedes sentir el amor que Dios siente por ti a través de él y dar la misma respuesta. Sabiendo esto, ¿no pasarías por alto tus propios juicios acerca de quien tienes delante?

Asóciate con los demás, con el amor que son, con su alegría y felicidad, no con sus problemas, quejas o pesares. Y si no puedes ver esto en ellos, búscalo en ti primero y luego únete a ellos, pues no vienen a ti para compartir sus miedos o desgracias, sino en busca de una salida real a su sufrimiento. Dales lo que te piden y te será dado a ti también. Cuando el amor da, da a todos sin distinción. El que pide y el que da reciben exactamente lo mismo. ¿Darías entonces realidad al sufrimiento de aquellos con quienes te relacionas? Esto no significa que tengas que convencer a nadie de que su sufrimiento no es real, pues ellos te verán como un enemigo porque creen con todas sus fuerzas que su sufrimiento existe. Significa, simplemente, que lleves ante la verdad aquello que tu compañero te ofrece y contemples su resultado. Cómo va eso a ser compartido ya no depende de ti, pues siempre se dará en función de lo que se esté dispuesto a recibir. La verdad, insisto, nunca se impone porque ella ya sabe que es verdad. Solo puede ofrecerse completamente y permitir que sea aceptada tal como se la quiera aceptar. Así que si quieres que los demás puedan aceptar la verdad de tu relación con ellos, antes debes aceptarla tú y mantenerla consciente para que pueda ser dada a aquellos que estén dispuestos a recibirla. Recuerda que con lo único que te relacionas es con tus propios pensamientos acerca de todo lo que te rodea. Eres tú mismo ofreciendo la verdad y tú mismo aceptándola en cada encuentro que tengas.

Toma a tu hermano de la mano,
pues no es este un camino que recorremos solos.
En él yo camino contigo y tú conmigo.
La Voluntad del Padre es que Su Hijo
sea uno con Él.
¿Cómo no iba a ser, entonces,
todo lo que vive uno contigo?

Libro de ejercicios. Introducción al 5. Repaso 9.6

Volviendo a casa

Comenzamos nuestra jornada de regreso juntos y,
según avanzamos juntos, congregamos a nuestros
hermanos.
Cada aumento de nuestra fuerza se lo ofrecemos
a todos, para que ellos puedan también superar
su debilidad y añadir su fuerza a la nuestra.
Dios nos espera a todos con los brazos abiertos y nos
dará la bienvenida tal como yo te la estoy dando
a ti. No dejes que nada en el mundo haga
que te olvides del Reino de Dios.

CAP. 8-VI 1.2

La conciencia humana se encuentra en un momento de aparente transición. Más y más personas de todo el mundo están sintiendo una profunda llamada a despertar. Es un momento en el que todo cambia a su alrededor para apoyar este ascenso. Nada, absolutamente nada en todo el universo, puede ser un obstáculo para este proceso de iluminación. Solo el propio sistema de pensamiento que cree encontrarse en transición puede suponer un obstáculo para sí mismo. De hecho, esta es la razón por la cual se percibe el ascenso en forma de tránsito o proceso, en lugar de vivirlo tal cual es en realidad: un salto instantáneo.

Las ideas que están siendo transformadas parten del hecho de ser experimentadas previamente como reales.

Hemos expresado anteriormente que el ser humano cree que la condición en la que se encuentra es real y que, por lo tanto, merece la pena ser considerada. Pero a medida que la mente se eleva, este aparente proceso de ascensión se acelera hasta colapsarse en sí mismo y percibirse como un único instante. Cuando te das cuenta de que las ideas que son transformadas en tu propia mente no tienen ninguna sustancia o valor permites, y cada vez más rápido, el intercambio de tus propias ideas por ideas verdaderas. Es el momento en el que te das cuenta de que:

> *Uno renuncia a la ilusión o, mejor dicho,*
> *tiene la ilusión de renunciar a algo.*

> M. M. 10.2.3

Así es como cambia el propósito que le habías otorgado al tiempo. Ya no lo usas para generar más tiempo y poder así aprender y evolucionar bajo sus leyes, sino para acelerar el deshacer y poder llegar a la conciencia total de tu Ser en un solo instante de tu vida. ¿Este, quizá?

En este proceso de renacimiento de la conciencia humana se deben considerar un par de aspectos que tienen una incidencia decisiva en él: el miedo y la propia identidad. Ambos conceptos, vistos desde la resolución o el final de este aparente camino, son una sola idea. Miedo e identidad propia son la misma acción de contracción. Tenemos miedo de dejar de sentir miedo porque eso significaría la desaparición de nosotros mismos, tal como nos conocemos, y esto es así en cierta manera. La identidad falsa del ser desaparece y es reemplazada instantáneamente por tu identidad real basada en el amor y el recuerdo de tu Creador.

Dios ha enviado Su Juicio para reemplazar al tuyo.
Con gran ternura, Su Juicio sustituye al tuyo.
Y, por medio de esa sustitución, lo incomprensible
se vuelve comprensible.

M. M. 11.3.4

Tenemos miedo debido a que no recordamos quiénes somos, y no lo recordamos porque tenemos miedo. Visto esto, podemos apreciar de nuevo la naturaleza circular cerrada de la conciencia humana. ¿Cómo podemos salir de este círculo? Solo algo que, desde esta perspectiva cerrada, se ve externo a nosotros puede sacarnos de ahí. La manera de permitir que eso ocurra es la fe. La fe es el estímulo que permite que el milagro se manifieste en cada circunstancia y así nos pueda mostrar la naturaleza ilusoria del círculo en el que aparentemente nos encontramos. Cualquier situación puede ser usada con este nuevo propósito. Cada situación o acontecimiento de tu vida refleja este patrón circular basado en el miedo. En todo momento tratas de defender tu identidad en aquello en lo que te ves envuelto. Te defiendes de todo dándole un valor, un significado, desde tu punto de vista para que puedas establecer tu identidad en él sin que requiera un cambio real o pérdida de tu identidad falsa. Por eso nunca habrá un cambio real si se usan las situaciones o relaciones tal como se perciben desde la separación. La única finalidad que tiene esta situación de aparente conflicto es mostrarte que hay algo que no va bien. Algo que no funciona. Nada más. Una mente brillante, cuando ve que algo no le aporta felicidad total, se detiene y espera a que se le muestre de nuevo eso desde el punto donde todo está ya resuelto. No espera a ver qué es lo que anda mal, ni mucho menos trata de solucionarlo. Sabe que no puede ser real el conflicto y espera lo justo y necesario para que se le muestre la situación resuelta. Para una mente humana que se sostiene gracias a sus pensamientos y a sus actos, esto es impensable. Necesita actuar para seguir existiendo. Y, sabiendo que no solucionará nada, sigue y sigue hasta la muerte. Solo es necesario mirar por un momento durante cuántos miles de años el hombre ha tratado de solucionar el hambre, las desigualdades, las guerras y las catástrofes naturales, y nada ha cambiado al respecto.

Ahora puedes dejar de intentar y empezar a conseguir. Todo tu mundo te mostrará la necesidad imperiosa que tienes de interactuar con él. Lo llamamos «adicción a la propia identidad». Recuerda que eres el resultado de tu forma de pensar, que lo que ves es lo que creas cuando lo miras. Dispones de todo lo que necesitas para soltar tus propias ideas del mundo y esperar a que este mundo cansado y enfermo te refleje otra cosa. Otro sistema de pensamiento unido al de tu Creador está disponible. Tu verdadera forma de pensar aguarda en silencio dentro de tu mente a que decidas experimentar el instante de tu renacer o resurrección. Mientras, se creará frente a ti, si así lo deseas, un camino que te dirigirá directo a este instante; instante en el que te rindes completamente ante tu verdadera conciencia y en el que te das cuenta de que tu vida tan solo duró un momento y que su único propósito fue empujarte a recordar la eternidad.

La mayoría nos perdemos la increíble dicha que existe en este tránsito de vuelta a casa porque vivimos identificados con el ego y este vive el viaje de vuelta como un viaje hacia la muerte. Por eso, en lugar de simplemente reconocer quién eres en realidad y cuál es tu verdadero hogar, tratará de que lo aprendas. Teme a Dios con todas sus fuerzas porque ve a Dios como su opuesto o su negación. La luz, en cambio, espera a que dejes de tener miedo y pases a ser un vehículo de comunicación real entre Dios y tus propias creaciones basadas en el miedo. Este es el último acto; la acción de ver amor donde antes se veía miedo. Cada uno tiene esa función establecida. Las respuestas a las preguntas «¿Cuánto tardaré en llegar a ese punto?» o «¿En cuánto tiempo llevaré a cabo esa función establecida?» déjalas en Sus manos. Dedícate a ser feliz y a pedir serlo cuando no te sientas de este modo. ¿Es esto demasiado fácil para ti? Todo lo demás te aportará infelicidad tarde o temprano. Sabes perfectamente adónde te van a llevar de nuevo tus propias ideas. Esta vida es un sendero que ya conoces. No tienes por qué volver a recorrerlo. Ahora eres libre. ¡Puedes ser feliz! Ha llegado el momento en que este pensamiento se extienda por todo el mundo. Nadie tiene por qué sufrir. Ahora puedes liberarte de tus ataduras y liberar a todo el mundo. Cómo ocurrirá ya no nos incumbe. Salimos de este mundo de dolor riendo, felices de recordar quiénes somos y de ver a Dios adondequiera que miremos. Somos adictos a nuestra manera de pensar y de ver las cosas, pero muy pronto el recuerdo de estar en nuestro Hogar emergerá de nuevo en nuestras mentes. Aquel que te creó ha conservado ese recuerdo para ti.

Que no me desvíe del camino de la paz, pues ando perdido por cualquier otro sendero que no sea ese. Mas déjame seguir a Aquel que me conduce a mi hogar, y la paz será tan segura como el amor de Dios.

LECC. 220 1.2

Todo está resuelto ya

«No tengo que hacer nada» es una declaración
de fidelidad y de una lealtad
verdaderamente inquebrantable.
Créelo, aunque solo sea por un instante,
y lograrás más que con un siglo de contemplación
o de lucha contra la tentación.

CAP. 18-VII 6.7

Dios es. Todo lo demás es ilusión, así que no hay nada que resolver. La percepción de que algo debe ser resuelto es la única idea a la que se tiene que mirar por un instante para ver qué es imposible y qué no puede ser real.

El texto explica que el Espíritu Santo es la Respuesta
a todos los problemas a los que tú has dado lugar.
Estos problemas no son reales, pero eso no significa
nada para los que creen en ellos.
Y todo el mundo cree en lo que ha hecho,
pues lo hizo creyendo en ello.

M. M. 11.3.1.

En un mundo donde la división y los opuestos existen, la tendencia natural de una mente dividida, que cree ser producto del mundo que ve, es tratar de resolver esa división y unir o encontrar un punto medio entre los opuestos. Sin embargo, ese mundo conflictivo, dual, no es más que la forma en la que se manifiesta la experiencia de separación que vive esta mente. Así que cada situación en la que se encuentra, que le muestra que está separada de lo que percibe, será un conflicto a resolver. Y en este intento de resolver esa situación esta mente se confirma a sí misma su estado de división.

Este mundo mide a las personas según su eficacia en resolver conflictos o problemas. Nadie ve que tratar de resolver problemas no solo no hace que cesen de aparecer, sino que los hace reales. Cada uno vamos a aprender de forma específica a tratar de solucionar los problemas que surgen en nuestras propias vidas. No nos paramos a ver que, si realmente resolviéramos un solo problema, nunca aparecería otro. No vemos que lo único que hacemos es superar los problemas sin solucionarlos. La única forma de poder solucionar algo por completo es siendo uno mismo la solución. Solo viendo la imposibilidad del error dentro de la naturaleza de Dios, puedes manifestarte como la solución íntegra. Solo en ese estado puedes ver que todo está resuelto ya, que no tienes que hacer nada, que de la misma manera que la mente que cree en el error ve errores y los proyecta afuera haciéndolos reales y compartiéndolos, la mente que mira solo a la solución extiende la solución y la comparte. Y es así, en el acto de compartir, como lo hacemos real para nosotros mismos. Lo único que se requiere es la suficiente confianza como para poder soltar la necesidad de solucionar los problemas que ves y dejar que la solución se manifieste a través de ti. A veces bastará con un cambio de percepción; otras, tú serás parte activa de la resolución. Nunca lo sabrás. Solo dependerá de la forma que esté tomando la misma respuesta que Dios siempre da a este aparente conflicto. Ella misma adquiere la forma perfecta. Ahora es el momento de dejar de ver problemas y ver solo la solución. Comparte esta nueva visión y la harás real para ti. El hecho de pensar que, si no hago nada, la situación que considero un problema no cambiará es la idea que evita que pueda producirse el único cambio real. Para una mente adicta a resolver los problemas que percibe, esta idea es imposible de aceptar sin la fe. Así que nos encontramos frente a tu decisión. Tú decides qué experimentar: quedarte en el mismo lugar de tu mente viendo problemas y tratando de solucionarlos o entrar en un nuevo espectro de pensamiento en el que tú encarnas la solución a los problemas que ves al no otorgarles realidad y dejar que la única solución que existe se haga cargo de esa ilusión. Tu dilema será aceptar el problema como una simple ilusión de tu mente separada o aceptarlo como algo evidente y demostrable. Nada ni nadie puede resolver ese dilema. Ni las evidencias de que el problema es real ni las experiencias que hayas podido tener de que todo es una ilusión. Ambas forman parte del pasado y solo tu decisión te estará mostrando lo que quieres experimentar. Si quieres un milagro, lo verás. Si quieres una prueba que demuestre la necesidad de que resuelvas el problema por ti mismo, como hasta ahora has hecho, también la tendrás.

Hacer algo siempre involucra al cuerpo.
Y si reconoces que no tienes que hacer nada, habrás
dejado de otorgarle valor al cuerpo en tu mente.
He aquí la puerta abierta que te ahorra siglos de
esfuerzos, pues a través de ella puedes escaparte de
inmediato, liberándote así del tiempo.

CAP. 18-VII 7.1

La iluminación

La luz ha llegado. Te has curado y puedes curar.
La luz ha llegado. Te has salvado y puedes salvar.
Estás en paz y llevas la paz contigo
adondequiera que vas.
Las tinieblas, el conflicto y la muerte
han desaparecido.
La luz ha llegado.

LECC. 75 1.1

Ustedes no pueden buscar la iluminación;
no hay ninguna práctica, ningún sistema,
ningún esfuerzo que les traiga la iluminación.
Requiere una mente que está más allá del tiempo,
que está libre de todo conocimiento,
libre de toda experiencia.
Y ese sentido de plenitud no puede ser alcanzado
a través de ninguna combinación de pensamientos.

KRISHNAMURTI

Una vez le preguntaron a un ser iluminado:
—Oiga, ¿usted qué hacía cuando se iluminó?
—Cortaba leña —respondió él.
—¿Y qué hizo después de iluminarse?
—Terminé de cortar la leña.

Todos tenemos en nuestra mente la idea de que la iluminación representa un cambio. Y, por lo tanto, que requiere de nuestra parte una acción que genere el cambio. La cuestión es que cualquier acción que provenga del mundo de los cambios será temporal y la verdad es eterna e inmutable. No puedes usar nada de lo que ves desde fuera de un estado de iluminación para iluminarte. Lo que sí puedes hacer es usar algo que te lleve al punto en el que puedas aceptar la ayuda de esta mente que está fuera de tus limitaciones y que se ha reconocido a sí misma y a ti como pura luz y puro amor. *Un Curso de Milagros* es la manifestación en el espacio y el tiempo de una mente que reconoce plenamente su intemporalidad; es la forma que te ofrece para que llegues a situarte frente a ella y, con un simple gesto, pueda sacarte de este aparente estado de no iluminación.

Todo problema parte de una mala percepción de la perfección. Solo se trata de una mala percepción de nosotros mismos y del mundo que nos rodea. Alcanzar a Dios o liberarte de tus propias ataduras no implica ningún movimiento. Iluminarse no requiere ningún cambio. No es necesario cambiar nada de lo que crees que deberías cambiar en ti o en tu vida para iluminarte. Recuerda que la fuente de este mundo y de tu identidad es una simple distorsión de la percepción basada en la decisión que tomaste de que así fuera (y que olvidaste). Cualquier cosa que trates de cambiar va a ser solo el intercambio de una ilusión por otra. Estas palabras, de nuevo, no tienen como objetivo ofrecerte una visión distinta a la que tienes sobre un concepto como el que tratamos ahora. Es, una vez más, un ofrecimiento para que sueltes las ideas de lo que tú crees que significa estar iluminado y te lances al descubrimiento, en tu propia experiencia, de tu mente en luz. ¿Qué puede haber más sensato que esto? No se trata de sustituir unas ideas por otras. No se trata de cambiar unos conceptos por otros, sino de permitirte el emocionante paso de salir de tu mente conceptual y ver qué hay allí. Aquel que se reconoce como tu mente iluminada te está esperando para ofrecértela en la forma perfecta que tú, identificado en tu mente concreta, necesitas.

De verdad te digo de nuevo que no tienes que hacer nada. Lo que tú ya eres es la luz de todo lo conocido. Despréndete por un instante de tu deseo de ser otra cosa de lo que eres y ello se te revelará ante ti tal como ya ocurrió. La verdad se halla justo detrás de tu deseo de encontrarla. Deja de tratar de cambiarte. Acéptate completamente tal cual te ves ahora y lo que estarás permitiendo es que la memoria de quién eres en realidad te sea dada. Cuando eso ocurre, nada en todo el universo cambia. Sin embargo, tú verás la desaparición de todas las vanas ideas que usabas para mantenerte alejado de este momento que ya ocurrió para ti y decidiste olvidar. Ahora sabes que recordar tampoco implica tiempo. Nada que sea real necesita nada, sino simplemente ser reconocido como lo que es.

Tenemos mucho que hacer, ver y contar en este mundo que aún cree ser lo que tú veías antes en él. Que la luz que te rodea en todo momento ha estado esperando este instante para alcanzarte en esta forma que ves no solo es verdad, sino que además necesita tu reconocimiento para que pueda ser también verdad allá donde nadie ve. Esta es una llamada a tu conciencia para que forme parte activa del reconocimiento de la unidad del Ser que representa en este momento. Alégrate, pues, de que sea hoy, en este instante, cuando la cordura te alcanza de una forma tan próxima y evidente. Anímate a soltar toda idea que estés empleando ahora para evitar lo que hoy se te ofrece. Aquellos que cruzaron el puente junto contigo y aún lo recuerdan están a tu lado. No temas si, por un momento, pierdes el mundo de vista. Este te será devuelto para que lo mires de nuevo con tu nueva visión: la visión de Aquel que no olvidó. Gracias por estar aquí. En ti toda la luz del amor que Dios siente se santifica y se extiende a todos los lugares de la mente del Hijo, quien tú eres.

Saulo, respirando aún amenazas
y muerte contra los discípulos del Señor,
vino al sumo sacerdote y le pidió cartas para las
sinagogas de Damasco, a fin de que si hallase
algunos hombres o mujeres de este Camino, los
trajese presos a Jerusalén.
Mas yendo por el camino, aconteció que al llegar
cerca de Damasco, le rodeó un resplandor de luz del
cielo; y cayendo en tierra, oyó una voz que le decía:
«Saulo, Saulo, ¿por qué me persigues?». Él dijo:
«¿Quién eres, Señor?». Y le dijo: «Yo soy Jesús, a quien
tú persigues; dura cosa te es dar coces contra el
aguijón». Él, temblando y temeroso, dijo: «Señor, ¿qué
quieres que yo haga?». Y el Señor le dijo: «Levántate y
entra en la ciudad, y se te dirá lo que debes hacer».
HECHOS DE LOS APÓSTOLES 9

Salgamos al encuentro de ese mundo recién nacido,
sabiendo que Cristo ha renacido en él y que la
bendición de su renacimiento perdurará para
siempre. Habíamos perdido el rumbo, pero Él lo ha
encontrado por nosotros. Démosle la bienvenida a
Aquel que regresa a nosotros para celebrar la
salvación y el fin de todo lo que creíamos haber
hecho. El lucero del alba de este nuevo día contempla
un mundo diferente en el que se le da la bienvenida
a Dios y a Su Hijo junto con Él. Nosotros,
que le completamos, le damos las gracias,
tal como Él nos las da a nosotros.
El Hijo reposa y en la quietud que Dios le dio
entra en su hogar y por fin está en paz.

M. Epílogo 5

LA EXTENSIÓN

El aprendizaje tiene que conducir
más allá del cuerpo, al restablecimiento
del poder de la mente en él.
Esto solo se puede lograr si la mente se extiende
hasta otras mentes y no interrumpe su extensión.

CAP. 8-VII 12.6

Los Maestros de Dios

Un Maestro de Dios es todo aquel que decide serlo.
Sus atributos consisten únicamente en esto:
de alguna manera y en algún lugar han elegido
deliberadamente no ver sus propios intereses
como algo aparte de los intereses de los demás.

M. 1.1.1

Habiendo experimentado la transformación de la muerte a la vida uno ve que no puede dejar de dar lo que ha recibido. No se puede contener. Todo lo que recibes se extiende más allá de ti a todos aquellos que quieren recibirlo. Un Maestro de Dios no hace nada. No enseña nada en realidad. Solo es.

Su función en el mundo es expresar la dicha que siente al liberarse de sus propias ataduras. Es la manifestación de la acción de recibir a Dios en cada instante. Cada instante en el que él se extiende está perfectamente diseñado por Cristo, pues solo pretende extenderse en este mundo. Los Maestros de Dios son sus receptores y sus portadores. Cuando dos se reúnen en su nombre allí aparece. Cristo es la manifestación de la acción de dar y recibir. Los Maestros de Dios son aquellos que han decidido dedicarse a esa actividad. Dan la verdad, pues están dispuestos a recibirla, y la reciben porque están dispuestos a darla.

Por sus frutos los conoceréis,
y ellos se conocerán a sí mismos.

Cap. 9-v 9.6

Sin ti, Dios no existe en este mundo. Tú eres el receptáculo al que Él llega cuando entra en este mundo. Eso ocurre cuando te reconoces a ti mismo como lo que en realidad eres, pues quien Él es te incluye a ti totalmente. Una mente iluminada sabe que no puede enseñar nada a nadie. En el momento en el que el maestro empieza a enseñar, está generando una oposición al que empieza a aprender. Cuando un maestro pretende enseñar algo está afirmando que se encuentra ante alguien que debe aprender. De esta forma confirma y da realidad en su propia mente a esa necesidad. Esto crea una oposición completa y la capacidad real de aprender desaparece, pues el Maestro de Dios se encuentra así ante una imagen en su mente separada de él, perdiendo de esta manera toda capacidad real de comunicación. Jesús lo expresa en el libro *Diálogo sobre el despertar* de esta manera.

He dicho muchas veces en Un Curso de Milagros *que enseñarás lo que sientas necesidad de aprender. Desde este punto de vista, la enseñanza que des, sea cual sea, se vuelve valiosa para ti. Te sugiero que consideres que este valor disminuye cuando esperas que esta enseñanza tenga un significado particular para algún otro.*

A medida que te comprometes con este proceso, tu conciencia se amplía. Tu conciencia de quién eres se aclara y, mientras esto ocurre, ofreces una ocasión única a aquellos que te rodean. Ellos tienen la ocasión de ver quiénes son mirándote a los ojos y viendo reflejado en ellos el conocimiento evidente de quién eres tu. Pero no debes considerar esto como una ocasión que ofreces simplemente. No tengas ninguna expectativa en esto. Debes dejar a los otros la elección de ver o de no ver. Si haces menos o si tratas de hacer más, harás un juicio que ni Dios mismo ha hecho.

El aprendizaje ocurre en la mente del alumno a través de un milagro o de una revelación. Ambos son evidencias que ocurren en la mente que se encuentra en la situación de aparente desconocimiento. Ocurre gracias a su mente real, a su Ser. El maestro es solo el que lo facilita, al estar en esa experiencia dentro de su mente. Solo desea extender la experiencia de dicha, amor y felicidad que siente por todo. Lo único que pretende es que el alumno se una a él en el amor que Dios siente por ambos. Cuando esto ocurre, para el maestro no es más que la extensión de su mente dentro de su propia mente. Él sabe que nadie está aprendiendo nada en realidad. Un maestro no responde a la pregunta; tan solo se limita a invitar al que pregunta al punto en su propia mente donde la pregunta no existe. Nadie puede aprender lo que ya es, pero al haberlo olvidado necesita aprender a recordar. Este recuerdo es el que trae *Un Curso de Milagros* y se conserva al enseñarlo. Por esta razón existe el manual del maestro, puesto que la forma de acelerar este proceso de recordar y mantenerte despierto en él es enseñando. A medida que despiertas más y más a la idea de que es a ti mismo a quien te enseñas, esto se vuelve más y más evidente para ti. Cuando eres plenamente consciente de que estás ante ti aprendiendo lo que enseñas, el aprendizaje verdadero aparece. Maestro y alumno se convierten en un único ser que podríamos llamar «la enseñanza», así que no importa quién interpreta el papel de maestro y quién el de alumno. La verdad ha tomado la forma de ese acto, de esa situación. En el momento en que el alumno se da cuenta de que él es el que se está enseñando a sí mismo a través del maestro, entonces este acto se expande en una forma inconcebible para una mente humana basada en límites, velocidades, distancias y tiempos.

La verdad, al no entender de límites, sabe que no puede ser contenida. Tampoco en un libro. La conciencia que expresa el curso se extiende en tu mente de una forma inevitable como una explosión de luz, si se lo permites. Esto ocurre de forma natural, sin esfuerzos, pues la luz no necesita sacrificios, ni imponerse, pues sabe que todo es luz. La verdad no necesita imponerse, pues sabe que es verdad. Cuando te permites que tu mente experimente en ella misma lo que el curso le ofrece, te conviertes en el curso y así el curso trasciende su forma. Pasa de ser un libro a tener tu forma. Es así como la verdad se extiende. Solo a través de ti.

La función de los Maestros de Dios es llevar al mundo el verdadero aprendizaje. Propiamente dicho, lo que llevan es un des-aprendizaje, que es a lo único a lo que se le puede llamar «verdadero aprendizaje» en este mundo. A los Maestros de Dios se les ha encomendado la función de llevar al mundo las

buenas nuevas del completo perdón.
Bienaventurados son de verdad,
pues son los portadores de la salvación.

M. 4-X 3.6

Un Maestro de Dios no hace nada, solo es. Un Maestro de Dios no hace nada, solo está en el lugar que le corresponde estar. Es aquel que ha tomado un espacio y un tiempo para mantenerlo vacío. Imagínate, por un momento, que lo único que existe es aire y tú te encuentras dentro del agua, rodeado de burbujas de agua. Dentro de un mundo donde solo el aire es real nos encontramos rodeados de burbujas de agua. ¿Qué pasa cuando una de estas burbujas de agua queda vacía? Pasa que lo único que puede contener es lo único que existe: aire.

En este mundo, creado por una mente en la acción de separarse de Dios, en un mundo donde Dios no se percibe, ¿qué pasa cuando tomas un espacio y lo vacías? Lo que ocurre cuando tomas ese espacio, y te sugiero que ese espacio sea el que tú ocupas, pues ya lo estás tomando, es que se llena de lo único que existe: Dios. ¿Puedes imaginar lo que va a hacer esta mente que sabe lo que ella es rodeado de mentes que no lo saben? Nada. Lo único que sabe esa burbuja de aire es que todas las burbujas de agua que están en contacto con ella están, de alguna manera, dispuestas a ser aire. Sabe que están listas para ser lo que ella es, por el mero hecho de estar en contacto con ella. Por eso un Maestro de Dios no hace nada. No busca un lugar donde enseñar, ni alumnos a los que enseñar, porque todo esto le es dado. ¿Por qué va a moverse en busca de otras burbujas de agua si lo único que ve son burbujas de agua? Esa burbuja de aire no necesita estar en conflicto por el hecho de estar rodeada de burbujas de agua, pero lo usará si es la forma más rápida para llevar a las burbujas de agua que le rodean al punto de aceptar su vaciado. Esa burbuja no está evitando nada, no evita el conflicto, solo está siendo. Cuando estás en una acción mental de aceptar completamente, llega un momento en que la idea con la que te encuentras es a ti mismo. Cuando estás en una acción mental de evitar, lo primero que evitas es a ti mismo. Tú eres lo primero que evitas y lo último que vas a aceptar.

Ser es esa actitud de aceptar constantemente, y de forma completa, el instante en el que te encuentras. Esto depende absolutamente de tu capacidad de escuchar. Un Maestro de Dios es aquel que aprende a escuchar. Es aquel que suelta todo acerca de lo que cree saber o de lo que cree que pasa a su alrededor y simplemente se dispone a escuchar. Pararte completamente y abrirte completamente a la disposición de escuchar implica tu voluntad de escuchar algo distinto a lo que el mundo te ha dicho hasta ahora. Esta es la forma que adopta un Maestro de Dios que ha completado su proceso. Él sabe desde la experiencia absoluta de su Ser que aquí no sabe nada. Sabe que aquí no puede enseñar absolutamente nada y que la única opción que le queda es Ser y que para Ser necesita escuchar.

Cuando el maestro suelta su rol completamente, solo le queda escucharse a sí mismo. Un Maestro de Dios no puede cruzar la puerta por ti, solo puede acompañarte hasta ella. Tú eres quien debe cruzarla. No uses al maestro para que te describa cómo es la puerta o te explique cómo se produjo el proceso de llegada a la puerta o qué pasará una vez que la cruces. Nadie sabe eso. Úsalo simplemente para llegar ante ella y luego crúzala.

Un Maestro de Dios no puede enseñarte el amor, solo puede llevarte ante la experiencia en la que tú te permites a ti mismo soltar el último obstáculo que habías interpuesto entre tú y el amor.

> *Los buenos maestros se dan cuenta de que solo los*
> *cambios fundamentales son duraderos, mas no*
> *comienzan en ese nivel. Su primer objetivo*
> *—y el más importante— es fortalecer*
> *en el estudiante el deseo de cambiar*
>
> Cap. 6 V, B. 2.1

> *Vosotros sois la luz del mundo: una ciudad asentada*
> *sobre un monte no se puede esconder. Ni se enciende*
> *una lámpara y se pone debajo de un almud, sino*
> *sobre el candelero, y alumbra a todos los que están*
> *en casa. Así alumbre vuestra luz delante de los*
> *hombres, para que vean vuestras obras buenas y*
> *glorifiquen a vuestro Padre que está en los cielos.*
>
> Mateo 5, 14-16

> *Conviértete en la prueba viviente de lo que el toque*
> *de Cristo puede ofrecerle a todo el mundo.*
> *Dios te ha confiado Sus dones. ¡Que tu felicidad*
> *dé testimonio de la gran transformación*
> *que experimenta la mente que elige aceptarlos*
> *y sentir el toque de Cristo! Esa es tu misión ahora.*
>
> Lecc. 166 15.1

Jesús

Yo fui un hombre que recordó al espíritu y
su conocimiento. Como hombre no traté
de contrarrestar los errores con el conocimiento,
sino de corregir el error de raíz.
Demostré tanto la impotencia del cuerpo como
el poder de la mente. Al unir mi voluntad
con la de mi Creador, recordé naturalmente
al espíritu y su verdadero propósito.
Yo no puedo unir tu voluntad a la de Dios por ti,
pero puedo borrar todas las percepciones falsas
de tu mente si la pones bajo mi tutela.

CAP. 3-VII 4.11

Siempre he dicho que Jesús es el humorista más grande que existe en este universo. Él bromea diciendo que le pidieron venir a este mundo porque era el lugar más triste que existe en todo el universo. Y te puedo asegurar que no se marchará hasta que todos se rían. Gracias a él desperté. Es su mente la que me mantiene despierto dentro de este mundo. Él es quien literalmente me sostiene, al verme tal como Dios me creó y pasar por alto todas las ilusiones que yo tengo acerca de mí mismo.

La imagen que se tiene de Jesús en este mundo no tiene nada que ver con él. Yo no voy a describirlo, pues entiendo que cada uno tiene su relación específica con esta mente llamada «Jesús». Sé que lo que veo en él es justo lo que yo necesito ver para mantenerme despierto. Él es la forma específica que toma la palabra de Dios en mi mente. Lo único que puedo sugerirte es que destierres de tu mente la idea que tienes de Jesús, incluso si no crees en él. No establezcas tu relación con él. Deja que él lo haga por ti. Él es quien se conoce perfectamente a sí mismo y se reconoce totalmente en ti.

Él sabe cómo ayudarte, pues pasó por el mismo estado mental en el que tú te encuentras y lo superó. Vino a demostrar la naturaleza ilusoria de este mundo y lo completó con la resurrección. Él sigue plenamente consciente de su propósito en la Tierra y no desaparecerá hasta que tú veas y experimentes por ti mismo lo que vino a enseñar. Él solo es un emisario, un traductor de un estado mental cercano a ti, pero completamente distinto en todos los sentidos. Libros como este lo único que hacen es facilitarte las coordenadas hacia las que tienes que poner tu atención si quieres alcanzarlo. El resto es entre tú y Dios. Nadie puede hacer o decirte absolutamente nada al respecto.

Jesús sigue a tu lado en un estado en el que puedas aceptarlo sin conflicto. A medida que te abras a la idea de que realmente resucitó y que no pudo irse a ninguna parte, pues solo existe el lugar y el momento en el que estás en tu vida, él se irá haciendo más y más evidente. Lo verás no por su acción de acercarse, sino por la tuya de permitírselo. Él está tan cerca de ti como lo está de sí mismo y tú estás tan lejos de él como lo estás de tu realidad. Una vez que empiezas a tener experiencias de unidad, ves que él no es más que tú mismo, tomando su forma. Nada más.

Muchos ven aún estas palabras como una amenaza a sus ideales morales, psicológicos o religiosos. Exactamente como cuando Jesús encarnaba las escrituras de su época y le tildaban de blasfemo. La verdad está escrita para ser encarnada y no para ser venerada, entendida o impuesta. La veneración, el entendimiento y la imposición son acciones que mantienen a la verdad fuera de ti para así poder venerar, entender o imponer algo que observas fuera de ti. Jesús no está fuera de ti. La función que Jesús tiene en la actualidad es, pues, la misma que cuando estuvo físicamente aquí en nuestro mundo: mostrarte la realidad tal cual él la veía y ve a través de los ojos de Cristo. La única diferencia está en la forma en la que él ejerce su función ahora. Así es como él la define.

Tengo la función, básica y necesaria, de establecer junto con cada uno de aquellos que han puesto sus pensamientos al servicio de Dios un nuevo orden mundial. Nada más simple que cambiar el orden en el que este mundo de oposición a la verdad se comprende a sí mismo. Que regrese a su origen es mi voluntad; y la mía junto a la tuya lo hará realidad.

Que requieras tiempo para aprender a unirte a mí es la finalidad real del tiempo. Que extiendas ese aprendizaje es la finalidad del espacio. Tiempo y espacio, ahora, están a nuestro servicio y al de Aquel que no vive en ellos para que sean entendidos y aceptados tal cual son en realidad. Este es mi propósito. Esta es mi voluntad y mi servicio a ti que eres uno conmigo. Yo resucité hace muchos años.

Tú eres la extensión de mi resurrección en tu tiempo. Tú eres la prueba de que mi resurrección se extendió por todo el tiempo conocido hasta llegar a la eternidad, donde descansamos felices y en paz por haber cumplido ya con nuestro propósito.

Quédate aquí conmigo y mira aquello que hicimos juntos. Contempla cómo tu mundo se vuelve hacia la verdad. Cada uno de los ángeles que Dios te envía va a recordarte el lugar desde el que contemplas tu mundo cambiar. Ahora ve, ve, no dudes más y mira a tu mundo volverse en luz. Mi visión es mi regalo, pues Dios me la dio para compartirla. Permíteme nacer y madurar en tu mente; permíteme amar en tu corazón. Déjame extenderme en tu voz.

Gracias, padre, por mi hermano, pues sin él yo no estaría aquí.

Gracias, padre, por mi hermano, pues él es tu recuerdo en un mundo de olvido.

Gracias, padre, por mi hermano, pues él es quien camina en ti junto a mí. Bendícelos a todos, pues tu voluntad ya está hecha.

Tú

Somos los santos mensajeros de Dios que hablan
en Su Nombre y que al llevar Su Palabra a todos
aquellos que Él nos envía aprendemos que está
impresa en nuestros corazones.

LECC. PREGUNTA 14 5.1

No sé quién crees ser ni cómo crees ser, pero permíteme expresarte todo el amor que siento por ti. Todo el universo te ama completamente sin reservas y yo me uno a él. No tengo nada más que ofrecerte, pues es lo único que soy. Tú eres mi salvador al permitirme sentir esto por ti. No existe nada más: solo tú y yo, unidos en este instante en el que nos encontramos ahora. Ningún pensamiento o acción que lleves a cabo puede afectar a este instante ni a lo que Dios piensa acerca de ti. Únete a su Mente. Acepta tu inocencia. Acepta ahora tu realidad y muéstrale al mundo del que vienes quién eres. Tarde o temprano vas a ejercer tu papel. Existe un lugar y un momento en el espacio y el tiempo en el que recordarás quién eres y empezarás a servir a un plan que nos representa a todos nosotros.

Eres esa semilla que tú mismo pusiste en este mundo y que aquel que te creó ha ido cuidando en espera a que te decidas a ir en busca de la Luz. Todo a tu alrededor está listo ya. Sólo falta tu decisión.

Eres el mensajero de un mensaje que vas a recordar a medida que vayas extendiéndolo. Ya has sido enviado y este mundo está listo para escucharte.

Eres un pensamiento puro, producto de una mente plena en Luz. No existe nada en ti que pueda ser afectado por algo que no sea el amor. Solo el amor puede definirte.

Eres la piedra en la que se edifica el nuevo templo de Dios. Este no tiene paredes, ni imágenes de santos, ni doctrinas, ni estructuras. Está formado por personas libres, totalmente dedicadas a Dios. No tiene cabida para la moralidad, sino para seres íntegros en el reconocimiento de su impecabilidad y despiertos en el recuerdo de su Ser y del amor que su Creador siente por ellos. Cada uno es una piedra que contiene el recuerdo de todo el templo. El nuevo templo de Dios no se puede ver con los ojos del cuerpo, pues trasciende todas las formas, tradiciones, lenguas, culturas. Es la ley del amor basada en la necesidad activa del Perdón y el reconocimiento del Plan de Dios. No existen jerarquías ni seguidores. Solo tú y tu relación con Dios. En él todos caben y nadie falta, pues ninguna idea puede faltar en la mente de Dios.

El nuevo templo de Dios ya está aquí. Nadie puede tocarlo, destruirlo, ni profanarlo, pues este es tu servicio a Dios. Todos al fin nos reuniremos en él y tú, junto a todos, verás este mundo desvanecerse por completo ante la Luz del Creador. Eres el mejor maestro que tu mundo tiene. Nadie más puede enseñarle al mundo en el que vives la realidad del amor que le da vida. Has viajado a través de esta vida para llegar a un punto en el que se supone que tú mismo ibas a decidir empezar a ser aquello que has venido a ser. Todos tenemos una función concreta en relación al despertar de la humanidad, pero ninguna de ellas tiene sentido si tú no desempeñas la tuya. En este mismo instante, como mínimo, tienes el acceso a la ayuda que necesitas para aceptar tu función y disfrutarla completamente. Nada en este mundo te va a aportar más paz ni felicidad que hacer aquello que has venido a hacer: despertar el recuerdo de tu Creador en ti.

Gracias.

Gratitud

Esperemos aquí en silencio y arrodillémonos un instante en agradecimiento hacia Aquel que nos llamó y nos ayudó a oír Su llamada.

EPÍLOGO 4.1

Lo único que siento en este momento es una inmensa gratitud. Todo esto no tendría sentido sin ti. Desde que estoy en servicio activo a esta mente universal, la palabra «gratitud» está alcanzando en mi mente un nuevo significado a cada instante. Es una sensación que incluye a todas. Es una sensación que explota mi ser hacia el infinito. No hay ninguna forma de retenerla.

Cuando sientes la gratitud que tu Creador siente por ti, es imposible que no sientas gratitud por todo. Ten fe en que en ella todo el universo se une en un solo pensamiento. Todo lo creado se une en ese pensamiento hacia Dios. No puedo escribir lo que siento en estos momentos. No hay forma humana de transmitirlo. La gratitud de Dios no viene dada por ningún motivo. Simplemente es tuya por ser quien eres. Tampoco puedo retenerme al sentirla y sentir también el deseo de que la experimentes junto conmigo. Nada puede evitar que eso ocurra. El agradecimiento nos une, pues hay una única mente y nos da las gracias cada vez que la recordamos.

Recibe todo con gratitud pues todo, absolutamente todo, tiene la intención natural de ayudarte. Incluso lo más grotesco que puedas experimentar tiene como objetivo mostrarte tus propios pensamientos para que puedas decidir otra cosa. Todo es expuesto para que puedas ver más allá de ello y, a medida que aprendas a hacerlo, más y más personas vendrán a aprender junto a ti. Toma de la mano a todos aquellos que te rodean, pues son tus compañeros de viaje, y dales las gracias. Únete a ellos en ese pensamiento de agradecimiento que Dios siente por ti y por ellos. El universo entero responderá a ese acto dándote a ti las gracias para que de nuevo puedas ofrecérselas a aquellos que te acompañan.

A través de ti se anuncia un mundo que,
aunque ni se oye ni se ve, está realmente ahí.
Santo eres, y en tu luz el mundo refleja tu santidad,
pues no estás solo y sin amigos.

M. M. 29.8.5